卫生计生监督员培训教材

医疗卫生监督分册

国家卫生计生委卫生和计划生育监督中心　组织编写

主　　编　胡　光　高小蔷
副 主 编　林志敏　何中臣　李力达　蔡　平
执行主编　吴建军　张鸿斌
编　　委（以姓氏笔画为序）
　　　　　刁绍华　宁　松　冯书礼　朱　强
　　　　　伍竞成　李力达　时玉昌　何中臣
　　　　　张　涛　周　琴　赵　霖　徐庆华
　　　　　曹晓红　董斯彬　喻昭蓉　蔡　平
　　　　　廖金玉
编　　务　刘　昊　刘　军　黄　静

人民卫生出版社

图书在版编目（CIP）数据

卫生计生监督员培训教材. 医疗卫生监督分册 /
国家卫生计生委卫生和计划生育监督中心组织编写.
—北京：人民卫生出版社，2018

ISBN 978-7-117-27435-7

Ⅰ.①卫… Ⅱ.①国… Ⅲ.①卫生工作 - 执法监督 -
中国 - 岗位培训 - 教材 ②计划生育 - 执法监督 - 中国 -
岗位培训 - 教材 Ⅳ.①D922.16

中国版本图书馆 CIP 数据核字（2018）第 224966 号

人卫智网	**www.ipmph.com**	医学教育、学术、考试、健康，
		购书智慧智能综合服务平台
人卫官网	**www.pmph.com**	人卫官方资讯发布平台

版权所有，侵权必究！

卫生计生监督员培训教材
医疗卫生监督分册

组织编写：国家卫生计生委卫生和计划生育监督中心
出版发行：人民卫生出版社（中继线 010-59780011）
地　　址：北京市朝阳区潘家园南里 19 号
邮　　编：100021
E - mail：pmph @ pmph.com
购书热线：010-59787592　010-59787584　010-65264830
印　　刷：三河市博文印刷有限公司
经　　销：新华书店
开　　本：710 × 1000　1/16　印张：9
字　　数：166 千字
版　　次：2018 年 12 月第 1 版　2019 年 11 月第 1 版第 2 次印刷
标准书号：ISBN 978-7-117-27435-7
定　　价：32.00 元

前　言

　　卫生计生执法监督是深入推进依法行政、有效推动法治政府建设、推进治理能力现代化，维护人民健康的重要保障。党的十九大提出实施健康中国战略，为人民群众提供全方位、全周期的健康服务。为更好地服务健康中国战略，培养监督员的专业能力和专业精神，增强基层执法监督队伍适应新时代中国特色社会主义的发展要求，规范卫生计生执法行为，推进综合监督执法，国家卫生计生委卫生和计划生育监督中心为基层执法监督人员组织编写了卫生计生监督培训系列教材。

　　《卫生计生监督员培训教材——医疗卫生监督分册》是基层卫生监督员培训系列教材之一。教材以医疗卫生监督网络课程讲义为基础，经多年培训实践修订而成。全书共分为十二章，五十二小节。主要围绕基层医疗监督工作的实际，重点从医疗卫生监督概述、医疗卫生计生行政许可、医疗机构监督、卫生技术人员监督、医疗文书监督、医疗机构药品和器械临床使用监督、医疗技术监督、精神卫生监督、医疗质量管理监督、血液及用血安全监督、医疗事故处理与卫生监督、医疗监督中的行政执法与司法衔接等方面的内容进行了详尽的阐述。

　　教材在编写过程中经过了认真的研究与论证，兼顾医疗卫生监督员人才培养以及行业应用需求，也将学科的基本理论、基本知识与工作实践密切结合，并将法律、法规、标准进行了梳理，对基层医疗卫生监督执法人员全面履职，认真开展好医疗监督执法工作具有很好的指导作用。

　　本教材的编写得到了国家卫生计生委综合监督局、四川省卫生和计划生育监督执法总队和医疗卫生监督培训教研组的大力支持，在此表示诚挚感谢！

　　由于水平有限，本教材难免有错漏和不妥之处，敬请批评指正。

编　者

2018 年 8 月

目 录

第一章

医疗卫生监督概述

第一节 医疗卫生监督发展概况

改革开放以来,为加强对医疗机构的科学管理,建立正常工作秩序,改善服务条件,提高医疗护理质量,防止医疗差错事故,使医院工作适应社会发展要求,推动医疗机构制度化、规范化建设与发展,原卫生部于1982年1月12日发布了《全国医院工作条例》,同年4月7日发布了《医院工作制度》,明确了医院工作的领导体制、业务范围及专业技术以及行政后勤管理,并对医疗机构日常工作的开展制定了64项制度,随着社会经济的快速发展以及群众对医疗服务需求的不断提升,又陆续出台了一些补充规定。这使得我国医疗机构步入规范化轨道开启了新的篇章。

1994年2月6日,国务院颁布《医疗机构管理条例》,同年8月原卫生部发布《医疗机构管理条例实施细则》。《医疗机构管理条例》总结继承了我国医疗机构管理的经验,汲取和参照国际上医疗管理的思想和惯例,对医疗机构的规划和布局、设置审批、登记注册、执业活动、监督管理等都作出了明确规定。至此,我国对医疗机构的行业监管正式走上了法制化进程。

1997年,《中共中央 国务院关于卫生改革与发展的决定》提出:到2000年,初步建立起具有中国特色的包括卫生服务、医疗保障、卫生执法监督的卫生体系,基本实现人人享有初级卫生保健,国民健康水平进一步提高。至此,卫生执法监督体系建设正式提上议程。医疗卫生监督作为卫生监督工作的重要组成部分,在整个卫生监督活动中占有重要的位置。医疗服务市场的卫生监督直接关系到广大人民群众的身体健康和生命安全,与广大人民群众切身利益密切相关。随着社会主义市场经济体制的逐步建立,当前中国医疗服务市场无论其规模、性质、范围和影响都发生了巨大变化,与之相适应的,对医疗服务的行业监督也提出了更多的要求。

2005年《关于卫生监督体系建设的若干规定》(卫生部令第39号),要求对医疗机构、采供血机构及其医务人员的执业资格进行监督检查以及开展打击非法行医行动。由此在 2005 年至 2007 年 3 年间，原卫生部卫生监督局牵头开展了全国性"打击非法行医和非法采供血液专项行动"，全国各级卫生行政部门逐步建立卫生监督机构，并在监督机构内逐步组建医疗卫生监督处（科）室，承担起医疗服务监督管理，主要是打击非法行医和非法采供血液专项行动工作。通过专项行动的开展，各级卫生监督机构进行医疗卫生监督工作中的能力和水平得到明显的提升。

2008 年，原卫生部组建了"医疗服务监督管理司"负责医疗机构医疗服务监管工作，但是打击非法行医和非法采供血工作仍然留在"食品综合协调与卫生监督局"。不过，作为卫生行政部门执法监督的执行机构，各级卫生监督机构多数已从原有的专司打击非法行医工作，拓展到对医疗机构内部的监督管理工作当中。

2013 年，随着国家行政机关新一轮机构改革，原卫生部与原国家计划生育委员会进行整合，组建了国家卫生和计划生育委员会。在职能调整中，原国家计划生育委员会行政监督执法职能整合到国家卫生计生委的"综合监督局"，包括对取得医疗机构执业许可证的计划生育服务指导站的监督等工作。同年 12 月 17 日，国家卫生和计划生育委员会出台了《关于切实加强综合监督执法工作的指导意见》，明确综合监督执法的主要任务是负责公共卫生、医疗卫生、计划生育综合监督，监督检查卫生计生法律法规的落实情况，查处违法行为。

2015 年，为全面推进依法治国，推进健康中国建设，整合卫生计生行政执法资源，强化卫生计生综合监管职能，国家卫生计生委、中央编办、财政部、人力资源社会保障部、国家公务员局、国家中医药管理局联合下发了《关于进一步加强卫生计生综合监督行政执法工作的意见》（国卫监督发〔2015〕91 号，以下简称《意见》）。《意见》中明确要求整合卫生计生监督行政执法资源，大力推进综合监督行政执法。同时指出，卫生计生、中医药行政部门应整合卫生、计生现有行政执法机构和职责，明确行政执法工作任务，整合后的卫生计生综合监督行政执法机构负责监督检查卫生计生法律法规的落实情况，依法开展医疗卫生、计划生育和中医服务等综合监督行政执法工作，查处违法行为。《意见》出台后，各省都积极按照六部委文件要求，陆陆续续出台各地的《实施意见》。

在医疗卫生监督的实际工作中，随着社会发展和各级卫生计生行政部门对医疗卫生监督工作要求，各级卫生监督机构除了承担打击非法行医和非法采供血工作外，部分监督机构也承担着或参与着医疗机构监督管理工作中的其他内容，如医疗技术的监督、医疗机构行政许可、打击代孕、打击"两非"等，各地情况不尽相同。

第二节　医疗卫生监督法律体系

医疗卫生监督法律体系作为卫生法体系的一个部分,它具有法律的一般属性,又有特定的调整对象。医疗卫生监督法律主要涉及:国家卫生管理体制、卫生机构设置、任职资格、职权范围、公民、法人及其他组织在卫生活动中的权力与义务、行政责任与行政处罚等。

一、医疗卫生监督法律体系的概况

医疗卫生监督法律体系主要由以下几个层级的法律规范组成:

（一）卫生法律

卫生法律是由全国人民代表大会及其常务委员会制定颁布的有关卫生方面的规范性文件,其内容包括了我国卫生工作方针、政策和基本原则,卫生基本制度,国家对公共卫生、卫生机构和专业人员的监督机构及其职责等。目前,我国现行的由全国人大常委会制定的医疗卫生监督法律主要有:《中华人民共和国执业医师法》《中华人民共和国母婴保健法》《中华人民共和国精神卫生法》《中华人民共和国献血法》《中华人民共和国传染病防治法》《中华人民共和国人口与计划生育法》《中华人民共和国药品管理法》《中华人民共和国中医药法》等。

（二）卫生行政法规

卫生行政法规是指由国务院根据宪法和法律制定和颁布的有关卫生方面的规范性文件,如:

《医疗机构管理条例》

《护士条例》

《乡村医生从业管理条例》

《人体器官移植条例》

《病原微生物实验室生物安全管理条例》

《血液制品管理条例》

《麻醉药品和精神药品管理条例》

《医疗器械监督管理条例》

（三）地方性卫生法规

地方性卫生法规是指地方人民代表大会及其常务委员会,在法定权限内制定、颁布的有关卫生方面的规范性文件,如《江苏省城市社区卫生服务条例》。

（四）卫生行政规章

按卫生计生行政规章制定的主体来分,可分为国务院卫生计生行政部门制定的卫生计生行政规章;省、自治区、直辖市人民政府制定发布的卫生计生行政规章;省、自治区、直辖市人民政府所在地的市和经国务院批准的较大的市的人民政府发布的卫生计生行政规章。在医疗卫生监督中常用的如:

《医疗机构基本标准(试行)》

《医疗机构诊疗科目名录》

《医疗机构管理条例实施细则》

《医疗机构校验管理办法(试行)》

《医疗美容服务管理办法》

《医疗美容项目分级管理目录》

《医师定期考核管理办法》

《医师执业注册暂行办法》

《护士执业注册管理办法》

《医师外出会诊管理暂行规定》

《外国医师来华短期行医暂行管理办法》

《香港、澳门特别行政区医师在内地短期行医管理规定》

《台湾地区医师在大陆短期行医管理规定》

《处方管理办法》

《医疗机构临床用血管理办法》

《医疗技术临床应用管理办法》

《医疗机构临床实验室管理办法》

《药品不良反应报告和监测管理办法》

《抗菌药物临床应用管理办法》

《医疗机构临床基因扩增检验实验室管理办法》

《医疗机构临床基因扩增检验工作导则》

《人类辅助生殖技术管理办法》

《人类精子库管理办法》

《医疗机构传染病预检分诊管理办法》

《突发公共卫生事件与传染病疫情监测信息报告管理办法》

《医疗卫生机构医疗废物管理办法》

《医疗质量管理办法》

《血站管理办法》

《单采血浆站管理办法》

国家工商行政管理总局和原卫生部联合下发的《医疗广告管理办法》

国家工商行政管理总局《互联网广告管理暂行办法》

原卫生部、国家中医药管理局、总后勤部卫生部联合下发的《医疗机构药

事管理规定》

（五）技术规范、标准

原卫生部《卫生标准管理办法》规定，卫生标准是国家的一项重要的技术法规。卫生标准包括技术指标规范、技术行为规范、技术程序规范、技术质量规范和技术方法规范，一经批准发布，即具有法律约束力。如《临床输血技术规范》《医疗机构消毒技术规范》《人类辅助生殖技术规范》《人类精子库基本标准和技术规范》等等，很多不一一列举。

（六）其他规范性文件

《行政法规制定程序条例》第三十一条第三款："行政法规的解释与行政法规具有同等效力。"《最高人民法院关于审理行政案件适用法律规范问题的座谈会纪要》（法〔2004〕96号）明确指出："国务院或者国务院授权的部门公布的行政法规解释，人民法院作为审理行政案件的法律依据。"如国务院发布的《医疗机构管理条例》第五十四条"本条例由国务院卫生行政部门负责解释"之规定适用上述规定，与此对应的卫生行政部门关于《医疗机构管理条例》等适用有关问题的批复及其他规范性文件，是医疗卫生监督的重要法律依据。

我们在开展医疗卫生监督过程中，主要是依据以上这些法律、法规、规章等，对从事医疗卫生服务的机构、专业人员、专项技术、设备等进行监督检查，对相关违法行为追究法律责任。

二、医疗卫生监督法律体系的作用

（一）保证了国家卫生政策的有效实施和卫生事业的发展

医疗卫生监督法律运用法学的原理研究国家现行的卫生计生政策，以及有关医药卫生实践和医学科学及卫生计生事业发展中的法律现象；通过对人们在医学科学发展和医药卫生实践中各种权利义务的规定，调整、确认、保护和发展各种良好的卫生法律关系和正常的医疗卫生工作秩序。卫生法律是党和国家卫生方针、政策的法律化、制度化。政策的执行必须依靠法律，通过法律将政策的内容定型化、具体化，变得具有可执行性，政策的具体内容才能够得以贯彻实施。

（二）促进了卫生行政管理的规范化、科学化

医疗卫生监督法律对与人体生命健康相关活动有关的政府、医疗机构及个人的权利义务以法的形式进行规定，一方面，保障了公民个人的生命健康权益；另一方面，对政府、医疗机构的活动进行约束，使政府在医疗机构设置准入、医疗服务管理，医疗机构医疗服务提供必须符合既定的价值取向和公认的社会准则，促进了卫生计生行政管理的规范化、科学化。

第二章

医疗卫生计生行政许可

第一节　医疗机构执业许可

一、医疗机构设置审批

（一）医疗机构的分类

1. 按经营性质分为非营利性医疗机构和营利性医疗机构。

2. 按照《医疗机构管理条例》及其实施细则，目前医疗机构分为 14 个类别，详情请参阅《医疗机构管理体例实施细则》第三条和《国家卫生计生委关于修改〈医疗机构管理条例实施细则〉的决定》（中华人民共和国国家卫生和计划生育委员会令第 12 号）。

（二）医疗机构设置审批的权限

根据《医疗机构管理条例》及其实施细则等国家和各省的规定，单位或者个人设置医疗机构，按其设置医疗机构的类别、规模，分别由不同级别的卫生计生行政部门审批。

（三）医疗机构设置申请的条件

申请医疗机构设置，必须符合 4 个基本条件：

1. 符合区域医疗机构设置规划；

2. 符合国家规定的医疗机构基本标准；

3. 有合适的场所；

4. 有必要的资金。

医疗机构设置单位（人）不得申请设置医疗机构：详情请参阅《医疗机构管理条例实施细则》第十二条和《国家卫生计生委关于修改〈医疗机构管理条例实施细则〉的决定》（中华人民共和国国家卫生和计划生育委员会令第 12 号）。

设置个体诊所的个人，必须同时具备下列条件：

1. 取得《医师执业证书》；

2. 取得《医师执业证书》或者医师职称后,从事 5 年以上同一专业的临床工作;

3. 省、自治区、直辖市卫生计生行政部门规定的其他条件。

设置中医诊所的按照有关规定执行。

(四)医疗机构名称管理要求

1. 医疗机构命名的规则　医疗机构的名称由识别名称和通用名称依次组成。

医疗机构的通用名称为:医院、社区卫生服务中心(站)、中心卫生院、卫生院、疗养院、妇幼保健院、门诊部、诊所、卫生所、卫生站、卫生室、医务室、卫生保健所、急救中心、急救站、临床检验中心、防治院、防治所、防治站、护理院、护理站、中心以及国家卫生计生委规定或者认可的其他名称。从通用名称可以看出医疗机构的类别。

医疗机构的识别名称:地名、单位名称、个人姓名、医学学科名称、医学专业和专科名称、诊疗科目名称和核准机关批准使用的名称。

2. 医疗机构命名的原则　详情请参阅《医疗机构管理条例实施细则》第四十一条和《卫生部关于进一步规范医疗机构命名有关问题的通知》(卫医发〔2006〕433 号)等国家和各省份有关规定。

3. 医疗机构不得使用的名称　详情请参阅《医疗机构管理体例实施细则》第四十二条和《卫生部关于进一步规范医疗机构命名有关问题的通知》(卫医发〔2006〕433 号)等国家和各省份有关规定。

4. 特殊冠名　详情请参阅《医疗机构管理体例实施细则》第四十三条和四十四条规定。

二、医疗机构执业登记

(一)执业登记的权限

根据《医疗机构管理条例》及其实施细则等国家和各省份的规定,单位或者个人设置医疗机构,按其设置医疗机构的类别、规模,分别由不同级别的卫生计生行政部门登记。

(二)执业登记的条件与提交的材料

1. 执业登记的条件　详情请参阅《医疗机构管理条例实施细则》第二十五条规定。

2. 执业登记提交的材料　详情请参阅《医疗机构管理体例实施细则》第二十五条规定。

(三)诊疗科目核定

一级科目一般相当于临床一级学科,如"内科""外科"等;二级科目一般相当于临床二级学科,如"呼吸内科""消化内科"等。

对在一级诊疗科目下设置二级学科(专业组),且具备相应设备设施、技术水平和业务能力条件的,应当核准登记二级诊疗科目;禁止只登记一级诊疗科目的医疗机构开展技术复杂、风险大、难度大、配套设备设施条件要求高的医疗服务项目。

按照《医疗机构管理条例实施细则》以及《医疗机构诊疗科目名录》规定,对具备相应设置条件的,医学影像科应当登记二级诊疗科目下X线诊断专业、CT诊断专业、超声诊断专业、心电诊断等专业,医学检验科应当登记二级诊疗科目下临床体液和血液专业、临床生化检验专业、临床免疫血清学等专业。

只开展专科病诊疗的机构,应填报专科病诊疗所属的科目,并在备注栏注明专科病名称,如颈椎病专科病诊疗机构填报"骨科",并于备注栏注明"颈椎病专科"。

在某科目下只开展门诊服务的,应在备注栏注明"门诊"字样。如申报肝炎专科门诊时,申报"肝炎专业"并在备注栏填注"门诊"。

专科医院原则上只能核准与其所属专业相关的诊疗科目。

医疗机构实际设置的临床专业科室名称不受《医疗机构诊疗科目名录》限制,可使用习惯名称和跨学科科室名称,如"围产医学科""五官科"等。

(四)医疗机构执业登记的事项

《医疗机构执业许可证》由国家卫生计生委统一印制。

执业登记的事项包括以下内容:

1. 类别、名称、地址、法定代表人或者主要负责人;

2. 所有制形式;

3. 注册资金(资本);

4. 服务方式 门诊、急诊、住院、家庭病床、巡诊;

5. 诊疗科目 按医疗机构诊疗科目名录,包括诊疗科目项下的医疗技术登记;

6. 房屋建筑面积、床位(牙椅);

7. 服务对象 内部、社会;

8. 执业许可证登记号(医疗机构代码);

9. 省、自治区、直辖市卫生计生行政部门规定的其他登记事项。

(五)医疗机构执业许可证有效期限规定

《医疗机构执业许可证》及其副本要求注明的有效期限是指《医疗机构执业许可证》及其副本的有效使用期限。

《医疗机构执业许可证》和副本的有效期限起止日期应保持一致。医疗机构办理变更登记,需要换发新的《医疗机构执业许可证》,新证的有效期限起始日期为变更登记日期,截止日期仍与副本规定的一致。

三、医疗机构校验

(一)医疗机构的校验期

1. 三年校验期 床位在100张以上的综合医院、中医医院、中西医结合医院、民族医医院以及专科医院、疗养院、康复医院、妇幼保健院、急救中心、临床检验中心和专科疾病防治机构。

2. 一年校验期 除上述以外的其他医疗机构、中外合资合作医疗机构。

(二)校验的申请

1. 医疗机构应当于校验期满前3个月向登记机关申请校验。

2. 提交的材料,详情请参阅《医疗机构管理条例实施细则》第三十五条和原卫生部关于印发《医疗机构校验管理办法(试行)》的通知(卫医政发〔2009〕57号)有关规定。

3. 医疗机构不按规定申请校验的,登记机关应当责令其在20日内补办申请校验手续;在限期内仍不申请补办校验手续的,登记机关注销其《医疗机构执业许可证》。

(三)校验的审查

登记机关应当在受理校验申请之日起30日内完成校验审查,作出校验结论。医疗机构校验审查包括书面审查和现场审查2个部分。现场审查由登记机关组织有关专家或者委托有关机构进行,现场审查的办法和标准由省、自治区、直辖市人民政府卫生计生行政部门制定。

有下列情形之一的,必须进行现场审查。

(1)2个校验期内未曾进行现场审查的;

(2)医疗机构在执业登记后首次校验的;

(3)暂缓校验后再次校验的;

(4)省、自治区、直辖市人民政府卫生行政部门规定的其他情形。

(四)校验审查结论

1. 校验结论包括"校验合格"和"暂缓校验"。

(1)登记机关作出"校验合格"结论时,应当在医疗机构执业许可证副本上加盖校验合格章。

(2)医疗机构有下列情形之一的,登记机关应当作出"暂缓校验"结论,下达整改通知书,并根据情况,给予1~6个月的暂缓校验期:

1)校验审查所涉及的有关文件、病案和材料存在隐瞒、弄虚作假情况;

2)不符合医疗机构基本标准;

3）限期整改期间；

4）停业整顿期间；

5）省、自治区、直辖市人民政府卫生计生行政部门规定的其他情形。

2. 暂缓校验　详情请参阅《医疗机构管理条例实施细则》第三十七条和原卫生部关于印发《医疗机构校验管理办法（试行）》的通知（卫医政发〔2009〕57号）有关规定。

3. 对经校验认定不具备相应医疗服务能力的医疗机构诊疗科目，登记机关予以注销。

四、医疗机构变更、延续、注销注册

（一）医疗机构变更注册

医疗机构变更执业登记的项目，包括名称、地址、法定代表人或者主要负责人、服务对象、服务方式、诊疗科目（医疗技术）、床位（牙椅），必须向登记机关申请办理变更登记。

（二）医疗机构延续注册

医疗机构申请延续注册，应当在该机构执业许可证有效期届满30日前向作出卫生行政许可决定的卫生计生行政部门提出申请，并按照要求提供有关材料。被许可人未按照规定申请延续和卫生计生行政部门不受理延续申请或者不准予延续的，卫生行政许可有效期届满后，原许可无效，由作出卫生行政许可决定的卫生计生行政部门注销并公布。

（三）医疗机构注销

医疗机构因各种原因，可主动向登记机关办理《医疗机构执业许可证》注销。医疗机构非因改建、扩建、迁建原因停业超过1年的，视为歇业。医疗机构歇业，必须向原登记机关办理注销登记。经登记机关核准后，收缴《医疗机构执业许可证》。《医疗机构执业许可证》依法被吊销的，应依法办理《医疗机构执业许可证》注销手续。

第二节　人员执业许可

人员包括：医师（含乡村医生、全科医师、外国医师、港澳医师、台湾医师）、护士和其他医技人员。

一、医师执业注册

医师：医师分为执业医师、执业助理医师。执业类别：临床、中医（包括中医、民族医和中西医结合）、口腔、公共卫生。

通过考试或资格认定取得执业医师资格或者执业助理医师资格的,均可申请医师执业注册。

二、护士执业注册

护士执业注册申请,自通过护士执业资格考试之日起3年内提出;逾期提出申请的,除应当具备执业申请的规定条件外,还应当在符合国务院卫生主管部门规定条件的医疗卫生机构接受3个月临床护理培训并考核合格方可申请执业注册。护士执业注册有效期为5年。

三、乡村医生执业注册

乡村医生需取得县级以上地方人民政府卫生行政主管部门颁发的乡村医生证书。符合下列条件之一的,可以向县级人民政府卫生行政主管部门申请乡村医生执业注册,取得乡村医生执业证书后在村医疗卫生机构执业。

1. 已经取得中等以上医学专业学历的。

2. 在村医疗卫生机构连续工作20年以上的。

3. 按照省、自治区、直辖市人民政府卫生行政主管部门制定的培训规划,接受培训取得合格证书的。

四、全科医师执业注册

注册执业条件:

1. 5年的临床医学(含中医学)本科教育,再接受3年的全科医师规范化培养,经考核合格的。

2. 对符合条件的基层在岗执业医师或执业助理医师,在国家认定的全科医师规范化培养基地进行1~2年的转岗培训合格后,可注册为全科医师或助理全科医师。

3. 经济欠发达的农村地区工作的3年制医学专科毕业生,可在国家认定的培养基地经2年临床技能和公共卫生培训合格并取得执业助理医师资格后,注册为助理全科医师。

4. 基层在岗医师通过参加成人高等教育,符合条件后参加相应执业医师考试,考试合格可按程序注册为全科医师或助理全科医师。

五、香港、澳门特别行政区医师在内地短期行医

是指具有港澳合法行医资格的医师应聘在内地医疗机构从事不超过3年的临床诊疗活动,并按规定取得《港澳医师短期行医执业证书》。执业类别为临床、中医、口腔3个类别之一。

六、台湾地区医师在大陆短期行医

是指台湾医师在大陆医疗机构从事不超过 3 年的临床诊疗活动,并按规定取得《台湾医师短期行医执业证书》。执业类别为临床、中医、口腔 3 个类别之一。

七、外国医师来华短期行医

是指在外国取得合法行医权的外籍医师,应邀、应聘或申请来华从事不超过 1 年期限的临床诊断、治疗业务活动,并按规定取得《外国医师短期行医许可证》。

第三节 采供血机构执业许可

采供血机构分血站和单采血浆站两类。血站又分为一般血站和特殊血站;一般血站包括血液中心、中心血站和中心血库;目前我国特殊血站仅有脐带血造血干细胞库。

一、采供血机构设置审批

(一)采供血机构设置权限

1. 一般血站 省、自治区、直辖市卫生计生行政部门依据国家卫生计生委颁布的《血站设置规划指导原则》制定本行政区域血站设置规划,报同级人民政府批准,并报国家卫生计生委备案。

一般血站因采供血需要,在规定的服务区域内设置分支机构,应当报所在省、自治区、直辖市卫生计生行政部门批准;设置固定采血点(室)或者流动采血车的,应当报省、自治区、直辖市卫生计生行政部门备案。

为保证辖区内临床用血需要,血站可以设置储血点储存血液。储血点应当具备必要的储存条件,并由省级卫生计生行政部门批准。

2. 特殊血站 国家卫生计生委统一制定我国脐带血造血干细胞库的设置规划和原则,脐带血造血干细胞库的设置必须经国家卫生计生委批准。申请设置脐带血造血干细胞库等特殊血站的,应当按照国家卫生计生委规定的条件向所在地省级卫生计生行政部门申请,省级卫生计生行政部门组织初审后报国家卫生计生委。

3. 单采血浆站 省、自治区、直辖市卫生计生行政部门制定本地区单采血浆站设置规划,并报国家卫生计生委备案。单采血浆站由血液制品生产单位设置,设置单采血浆站应当符合当地单采血浆站设置规划,并经省、自治区、直辖市卫生计生行政部门批准(报县级卫生计生行政部门进行初审,并经设区的市、自治州卫生计生行政部门审查同意后报省、自治区、直辖市卫生行政部门审批),并在设置审批后10日内报国家卫生计生委备案。

(二)采供血机构设置条件

1. 一般血站　应当符合《中华人民共和国献血法》《血站管理办法》《血站基本标准》及血站设置规划等相关要求。

血液中心应当设置在直辖市、省会市、自治区首府市;中心血站应当设置在设区的市;直辖市、省会市、自治区首府市已经设置血液中心的,不再设置中心血站;尚未设置血液中心的,可以在已经设置的中心血站基础上加强能力建设,履行血液中心的职责。中心血库应当设置在中心血站服务覆盖不到的县级综合医院内。

同一行政区域内不得重复设置血液中心、中心血站。一般血站与单采血浆站不得在同一县级行政区域内设置。

2. 特殊血站　脐带血造血干细胞库设置的申请者除符合国家规划和布局要求,具备设置一般血站基本条件之外,还需具备下列条件:

(1)具有基本的血液学研究基础和造血干细胞研究能力。

(2)具有符合储存不低于1万份脐带血的高清洁度的空间和冷冻设备的设计规划。

(3)具有血细胞生物学、HLA配型、相关病原体检测、遗传学和冷冻生物学、专供脐带血处理等符合GMP、GLP标准的实验室、资料保存室。

(4)具有流式细胞仪、程控冷冻仪、PCR仪和细胞冷冻及相关检测及计算机网络管理等仪器设备。

(5)具有独立开展实验血液学、免疫学、造血细胞培养、检测、HLA配型、病原体检测、冷冻生物学、管理、质量控制和监测、仪器操作、资料保管和共享等方面的技术、管理和服务人员。

(6)具有安全可靠的脐带血来源保证。

(7)具备多渠道筹集建设资金运转经费的能力。

3. 单采血浆站

(1)设置单采血浆站必须具备的条件:

1)符合采供血机构设置规划、单采血浆站设置规划以及《单采血浆站基本标准》要求的条件。

2)具有与所采集原料血浆相适应的卫生专业技术人员。

3)具有与所采集原料血浆相适应的场所及卫生环境。

4)具有识别供血浆者的身份识别系统。

5)具有与所采集原料血浆相适应的单采血浆机械及其他设施。

6)具有对所采集原料血浆进行质量检验的技术人员以及必要的仪器设备。

7)符合国家生物安全管理相关规定。

(2)有下列情形之一的,不得申请设置新的单采血浆站:

1)拟设置的单采血浆站不符合采供血机构设置规划或者当地单采血浆站设置规划要求的。

2)省级卫生行政部门未同意划定采浆区域的。

3)血液制品生产单位被吊销药品生产质量管理规范(GMP)证书未满5年的。

4)血液制品生产单位发生过非法采集血浆或者擅自调用血浆行为的。

5)血液制品生产单位注册的血液制品少于6个品种的,承担国家计划免疫任务的血液制品生产单位少于5个品种的。

(3)下列人员不得作为新建单采血浆站的法定代表人或者主要负责人:

1)正在服刑或者不具有完全民事行为能力的人。

2)发生血液安全事故未满5年的责任人。

3)被吊销《单采血浆许可证》或者《血站执业许可证》未满10年的单采血浆站或者血站的法定代表人、主要负责人及责任人。

4)被吊销药品生产质量管理规范(GMP)证书未满5年的血液制品生产单位法定代表人或者主要负责人。

5)被卫生行政部门责令限期改正3个月以上或者给予罚款5万~10万元处罚未满3年的单采血浆站的法定代表人、主要负责人及责任人。

(4)其他设置条件:单采血浆站应当设置在县(旗)及县级市,不得与一般血站设置在同一县级行政区域内。有地方病或者经血传播的传染病流行、高发的地区不得规划设置单采血浆站。上一年度和本年度自愿无偿献血未能满足临床用血的市级行政区域内不得新建单采血浆站。

二、采供血机构执业登记

(一)执业登记的权限

1.一般血站　血站应当向所在省、自治区、直辖市卫生计生行政部门申请办理执业登记(执业登记程序按各省卫生计生行政部门要求执行)。省级卫生计生行政部门组织技术专家或者委托技术部门按照法律法规的要求、标准对申请单位进行技术审查,并根据技术审查报告对申请事项进行审核。审核合格的,予以执业登记,并发给《血站执业许可证》及其副本。《血站执业许可证》有效期为3年。

有下列情形之一的,不予执业登记:

(1)《血站质量管理规范》技术审查不合格的。

(2)《血站实验室质量管理规范》技术审查不合格的。

（3）血液质量检测结果不合格的。

2.特殊血站 脐带血造血干细胞库执业应当向所在地省级卫生计生行政部门申请办理执业登记。省级卫生计生行政部门组织有关专家和技术部门按照相关标准、技术规范对申请单位进行技术审查及执业验收。审查合格的，发给《血站执业许可证》，并注明开展的业务。

3.单采血浆站 获得设置审批并按照《单采血浆站基本标准》等要求建设完毕后，单采血浆站向省级卫生计生行政部门提交执业申请。省级卫生计生行政部门组织有关专家或者委托技术机构进行技术审查。经审查符合条件的，由省级卫生计生行政部门核发《单采血浆许可证》，并报国家卫生计生委备案。《单采血浆许可证》有效期为2年。

（二）许可证主要内容

1.《血站执业许可证》 根据《卫生部办公厅关于下发〈血站执业许可证〉及其副本统一样式的通知》（卫办医发〔2007〕213号），《血站执业许可证》有以下主要内容：机构名称、法定代表人、地址、登记号、采供血范围、业务项目、执业许可证号、有效期：自　年　月　日至　年　月　日止、发证机关、发证日期。

2.《单采血浆许可证》 《单采血浆许可证》的主要内容有：设置单采血浆站的血液制品生产单位名称，单采血浆站的名称、地址、法定代表人或者主要负责人，业务项目及采浆区域（范围），发证机关、发证日期、许可证号和有效期。

三、采供血机构执业许可延续

（一）血站执业许可延续

《血站执业许可证》有效期满前3个月，血站应当办理再次执业登记，并提交《血站再次执业登记申请书》及《血站执业许可证》。

省级卫生计生行政部门根据血站业务开展和监督检查情况进行审核，审核合格的，予以继续执业。未通过审核的，责令其限期整改；经整改仍审核不合格的，注销其《血站执业许可证》。

未办理再次执业登记手续或者被注销《血站执业许可证》的血站，不得继续执业。

（二）单采血浆站执业许可延续

《单采血浆许可证》有效期满前3个月，单采血浆站应当向原发证部门申请延续，并提交《单采血浆许可证》的复印件、执业期间运行情况的报告（包括原料血浆采集的数量、定期自检报告等）、卫生计生行政部门监督检查的意见及整改情况、技术机构根据《单采血浆站质量管理规范》出具的技术审查报告。

省级卫生计生行政部门根据单采血浆站上一执业周期业务开展情况、技术审查和监督检查等情况进行审核，审核合格的，予以延续。经审核不合格的，责令其限期整改；经整改仍不合格的，注销其《单采血浆许可证》。

未办理延续申请或者被注销《单采血浆许可证》的单采血浆站，不得继续执业。

第四节　其他医疗相关许可、登记或备案

一、医疗广告审查证明

《医疗广告管理办法》（国家工商行政管理总局、卫生部令第 26 号）规定，医疗机构发布医疗广告，应当向其所在地省级卫生计生行政部门、中医药管理部门申请，并提交以下材料：①《医疗广告审查申请表》；②《医疗机构执业许可证》副本原件和复印件，复印件应当加盖核发其《医疗机构执业许可证》的卫生计生行政部门公章；③医疗广告成品样件。电视、广播广告可以先提交镜头脚本和广播文稿。对审查合格的医疗广告，省级卫生计生行政部门、中医药管理部门发给《医疗广告审查证明》，并将通过审查的医疗广告样件和核发的《医疗广告审查证明》予以公示；对审查不合格的医疗广告，应当书面通知医疗机构并告知理由。省级卫生计生行政部门、中医药管理部门应对已审查的医疗广告成品样件和审查意见予以备案保存，保存时间自《医疗广告审查证明》生效之日起至少 2 年。《医疗广告审查证明》的有效期为 1 年。到期期满后仍需继续发布医疗广告的，应重新提出审查申请。

二、医疗美容项目备案

《医疗美容服务管理办法》（卫生部令第 19 号）规定，根据医疗美容项目的技术难度、可能发生的医疗风险程度，对医疗美容项目实行分级准入管理，并要求美容医疗机构和医疗美容科室按准入要求开展医疗美容项目，并向登记机关备案。《医疗美容项目分级管理目录》（卫办医政发〔2009〕220 号）通知，各省、自治区、直辖市卫生厅局可以根据本地实际对医疗美容项目和项目分级进行适当调整，并进行严格管理，以保证医疗安全。

三、限制性医疗技术临床应用备案

2015 年 7 月 2 日国家卫生计生委网站发布《关于取消第三类医疗技术临床应用准入审批有关工作的通知》（国卫医发〔2015〕71 号，以下简称《通知》）

并发布《限制临床应用的医疗技术（2015版）》。《通知》根据国务院《关于取消非行政许可审批事项的决定》，取消第三类医疗技术临床应用准入审批。对于开展《限制临床应用的医疗技术（2015版）》在列医疗技术，且经过原卫生部第三类医疗技术临床应用审批的医疗机构，由核发其《医疗机构执业许可证》的卫生计生行政部门在该机构《医疗机构执业许可证》副本备注栏注明，并向省级卫生计生行政部门备案。拟新开展《限制临床应用的医疗技术（2015版）》在列医疗技术临床应用的医疗机构，应当按照国家卫生计生委此前下发的相关医疗技术临床应用管理规范，经自我对照评估符合所规定条件的，按照上述程序进行备案。

四、大型医用设备配置许可

原卫生部、国家发展和改革委员会、财政部《大型医用设备配置与管理办法》（卫规财发〔2004〕474号）中规定，大型医用设备是指列入国务院卫生计生行政部门管理品目的医用设备，以及尚未列入管理品目、省级区域内首次配置的整套单价在500万元人民币以上的医用设备。大型医用设备管理品目由国务院卫生计生行政部门商有关部门确定、调整和公布，报国务院批准后执行。大型医用设备管理品目分为甲、乙2类。资金投入量大、运行成本高、使用技术复杂、对卫生费用增长影响大的为甲类大型医用设备，由国务院卫生计生行政部门管理。管理品目中的其他大型医用设备为乙类大型医用设备，由省级卫生计生行政部门管理。大型医用设备的管理实行配置规划和配置证制度。

五、其他（健康体检、血透等）

1. 健康体检　原卫生部《健康体检管理暂行规定》（卫医政发〔2009〕77号）中明确，健康体检是指通过医学手段和方法对受检者进行身体检查，了解受检者健康状况、早期发现疾病线索和健康隐患的诊疗行为。具备该暂行管理规定中有关执业条件的医疗机构向核发其《医疗机构执业许可证》的卫生计生行政部门（简称登记机关）申请开展健康体检。登记机关应当按照规定的条件对申请开展健康体检的医疗机构进行审核和评估，具备条件的允许其开展健康体检，并在《医疗机构执业许可证》副本备注栏中予以登记。

2. 血液透析　原卫生部《医疗机构血液透析室管理规范》（卫医政发〔2010〕35号）规定，地方各级卫生计生行政部门应当根据当地医疗服务需求，做好血液透析室设置规划，严格实行血液透析室执业登记管理。医疗机构设置血液透析室，应当经地方卫生计生行政部门批准并进行执业登记后，方可开展血液透析工作。

第五节　相关知识

一、行政许可

行政许可是有关行政机关根据公民、法人或者其他组织的申请,经依法审查,准予其从事特定活动的行为。

二、撤销、注销、吊销、暂缓校验、备案

1. 撤销

撤销是一种对行政许可的法律收回行为,具有剥夺性和不可逆转性以及补救性。有下列情形之一的,作出行政许可决定的行政机关或者其上级行政机关,根据利害关系人的请求或者依据职权,可以撤销行政许可:

(1)行政机关工作人员滥用职权、玩忽职守作出准予行政许可决定的。

(2)超越法定职权作出准予行政许可决定的。

(3)违反法定程序作出准予行政许可决定的。

(4)对不具备申请资格或者不符合法定条件的申请人准予行政许可的。

(5)依法可以撤销行政许可的其他情形。

2. 注销　注销是按法律规定程序申请,国家主管机关依法进行的,是一种正常的消亡程序。

注销行政许可分2种情况:

一种是被许可人自愿向行政机关申请注销,行政机关根据被许可人的申请依法予以注销。

另一种是由于某种客观情况的出现,被许可人没有申请,行政机关依法予以注销:一是行政许可的证照有效期届满未延续的;二是赋予公民特定资格的行政许可,该公民死亡或者丧失行为能力的;三是法人或者其他组织依法终止的;四是行政许可的前置许可、条件被依法撤销、撤回的;五是因不可抗力导致行政许可事项无法实施的;六是法律、法规规定应当注销行政许可的其他情形。

3. 吊销　吊销是指行政机关采取强制手段剥夺被许可人的经营权或资质、资格。这是行政机关对被许可人实施的最严厉的行政处罚。

4. 暂缓校验　校验是卫生计生行政部门依法对医疗机构的基本条件和执业状况进行检查、评估、审核,并依法作出相应结论的过程。医疗机构有下列情形之一的,登记机关应当作出"暂缓校验",给予1~6个月的暂缓校验期:

(1)校验审查所涉及的有关文件、病案和材料存在隐瞒、弄虚作假情况。

（2）不符合医疗机构基本标准。

（3）限期整改期间。

（4）停业整顿期间。

（5）省、自治区、直辖市人民政府卫生行政部门规定的其他情形。

5．备案（登记）

备案属具体行政行为，分为2种情形，一种是报告式备案（备案待查），只需要按照相关规定向有权限的卫生行政部门进行报告即可开展该项工作，如消毒产品备案；另一种审查式备案（报告待批），要求按照相关规定向有权限的卫生行政部门进行备案并需要卫生行政部门的审查同意，方可开展相应工作。如：干细胞的临床研究、限制性临床医疗技术、中医诊所备案、义诊备案等。

第三章

医疗机构监督

第一节 医疗机构执业资质的监督

一、监督检查的主要内容

对医疗机构执业资质的监督,主要是通过查验《医疗机构执业许可证》正、副本原件,核查其来源,查阅许可本底资料等方式,对其合法性、有效性进行监督检查。

(一)《医疗机构执业许可证》合法性监督检查

1. 证件是否由合法的卫生计生行政部门核发。省级卫生计生行政部门规定本辖区内《医疗机构执业许可证》核发权限。

2. 取得证件的程序、途径、方法是否合法。如果被许可人以欺骗、贿赂等不正当手段取得《医疗机构执业许可证》的,属于应当予以撤销许可的范畴,一经撤销,其骗取的许可证件自始无效。

3. 是否非法出租、出借、转让、买卖证件。发现《医疗机构执业许可证》登记的信息(如执业地址、主要负责人等)与实际不一致的应对证件的来源进行追溯,必要时通过许可部门核查其许可本底资料。

(二)《医疗机构执业许可证》有效性监督检查

1. 证件是否在有效期内。根据《卫生部医政司关于医疗机构执业许可证有效期限问题的批复》(卫医管发〔1999〕第 66 号)"……一般情况下,《医疗机构执业许可证》及其副本的有效使用期限可依据持证医疗机构校验期的不同,分别定为 5 年或 15 年。地方性法规对有效期另有规定的,按地方性法规办理。"根据《卫生行政许可管理办法》第四十五条第三款规定:"被许可人未按照规定申请延续和卫生行政部门不受理延续申请或者不准予延续的,卫生行政许可有效期届满后,原许可无效,由作出卫生行政许可决定的卫生行政部门注销并公布。"《医疗机构执业许可证》如果超出有效期,则失去效力。

2. 是否按规定校验。医疗机构校验结果，由登记的卫生计生行政部门在《医疗机构执业许可证》副本上注明。

是否按期校验。根据《医疗机构校验管理办法（试行）》，医疗机构的校验期分为三年期和一年期（参见医疗许可章节）。

校验是否合格。医疗机构校验结论包括校验合格和暂缓校验。暂缓校验期满需申请再次校验，合格的方可继续执业，不合格的，由登记机关注销许可。暂缓校验的医疗机构，在暂缓校验期内应当对存在的问题进行整改；暂缓校验期内，不得发布医疗服务信息和广告；未设床位的医疗机构不得执业；除急救外，设床位的医疗机构不得开展门诊业务、收治新患者。

对于证件显示未按期校验的，要注意是否有登记机关（卫生计生行政部门）责令限期校验的文件或监督意见书、医疗机构有无申请校验的相关证明材料，询问原因。

二、违法行为处理

（一）《医疗机构执业许可证》违反合法性要求

1. 表现形式

（1）未经设置审批且未办理《医疗机构执业许可证》。

（2）取得了《医疗机构设置批准书》尚未办理《医疗机构执业许可证》开展诊疗活动的。

（3）使用伪造、变造的《医疗机构执业许可证》开展诊疗活动的。

（4）《医疗机构执业许可证》被撤销、吊销或者已经办理注销登记，继续开展诊疗活动的。

（5）当事人未按规定申请延续以及卫生计生行政部门不予受理延续或者不批准延续，《医疗机构执业许可证》有效期届满后继续开展诊疗活动的。

（6）使用通过买卖、转让、租借等非法手段获取的《医疗机构执业许可证》开展诊疗活动的。

（7）非本医疗机构人员或者其他机构承包、承租医疗机构科室或房屋并以该医疗机构名义开展诊疗活动的。

2. 处罚依据　以上违法情形，依据《医疗机构管理条例》第四十四条规定处理。

3. 注意事项

（1）对采取不正当手段，如伪造资料骗取《医疗机构执业许可证》行医的，按照《中华人民共和国行政许可法》第六十九条第二款规定予以撤销后进行处罚。

（2）对取得了《医疗机构设置批准书》尚未办理执业登记开展诊疗活动的，

在没收非法药品、器械时要慎重,对其合法购入的医疗设备不能一概没收。

（二）逾期不申请校验《医疗机构执业许可证》从事诊疗活动

违反《医疗机构管理条例》第二十二条规定,依据《医疗机构管理条例》第四十五条规定（违反本条例第二十二条规定,逾期不校验《医疗机构执业许可证》仍从事诊疗活动的,由县级以上人民政府卫生行政部门责令其限期补办校验手续;拒不校验的,吊销其《医疗机构执业许可证》）或者按照《医疗机构校验管理办法（试行）》第十条规定（医疗机构不按规定申请校验的,由登记机关责令其在 20 日内补办申请校验手续;在限期内仍不申请补办校验手续的,登记机关注销其《医疗机构执业许可证》）处理。

（三）暂缓校验期间违法执业

根据《医疗机构校验管理办法（试行）》第二十四条第一款规定:暂缓校验期内,医疗机构不得发布医疗服务信息和广告;未设床位的医疗机构不得执业;除急救外,设床位的医疗机构不得开展门诊业务、收治新患者。

有上述行为的,卫生监督机构应当及时收集相应证据,比如摄像、拍照、收集相关医学文书、制作现场笔录等。依据《医疗机构校验管理办法（试行）》第二十五条规定,登记机关可注销《医疗机构执业许可证》。

（四）暂缓校验期届满不申请再校验或校验不合格

暂缓校验期届满不申请再校验或校验不合格的,依据《医疗机构校验管理办法（试行）》第二十条规定,由登记机关注销《医疗机构执业许可证》。《医疗机构执业许可证》注销后仍在开展诊疗活动的,按照《医疗机构管理条例》第四十四条处理。

第二节　医疗机构执业行为的监督

一、监督检查的主要内容

（一）执业地址

1. 执业地址是否与登记一致。查看医疗机构实际所在的街道门牌号,对比是否与《医疗机构执业许可证》登记一致。对医疗机构迁址的,看是否按照《医疗机构管理条例实施细则》第三十二条规定办理变更登记。

2. 医疗机构分支医疗机构是否按规定办理登记。通过询问管理人员、现场查看等方式了解医疗机构有无分支机构。在原登记机关管辖区域内设置分支机构并与原登记注册的医疗机构施行行政、财务统一管理的,可以共用一个《医疗机构执业许可证》且分支机构的地址应在证件上登记;未实行统一管理的,单独办理《医疗机构执业许可证》;在原登记机关管辖区域外设置分支机构的,应当向分支机构所在地的卫生计生行政部门申请执业登记。

(二)执业范围

主要通过现场检查,如查看医疗机构各临床科室的挂牌名称、现场使用的有关药品、器械、接诊患者情况,查阅病历、处方、会诊资料等开展检查;对涉及专业性较强的,可采取与专家联合等方式开展检查。

1. 医疗机构是否按照核准的诊疗科目开展执业活动。现行医疗机构诊疗科目名录分一、二、三级科目。直接核准到二级专业的不得开展此二级科目所属一级科目下的其他二级专业的诊治工作,只核准开展某专科病诊疗不得开展此专科疾病以外诊疗活动,在某科目下只核准开展门诊服务的不得开展住院服务,开展器官移植应当取得相应的三级项目。

2. 医疗机构开展特殊医疗项目是否按规定登记或备案。健康体检、血液透析室、戒毒医疗服务、医疗美容项目、人类辅助生殖技术、人类精子库、临床基因扩增检验、限制临床应用的医疗技术等特殊医疗项目应按相关规定登记或备案,检查医疗机构是否超出本单位诊疗科目邀请或派出会诊,只核准一级科目的不得开展技术复杂、风险大、难度大、配套设备设施条件要求高的医疗服务项目。

注意:医疗机构临床科室命名不完全受诊疗科目名录限制,可使用习惯名称和跨学科科室名称。核准的一个诊疗科目(或专业)可能分散在多个临床科室开展业务。一个科室可能开展多个诊疗科目(或专业)的业务。仅提供部分专业手术未独立设立门诊或病区的个别专业可以不办理登记(如在外科提供部分儿童手术,未独立设立小儿外科专业的,可以不登记小儿外科)。

(三)名称使用

通过查看医疗机构牌匾、医疗文件等检查医疗机构名称使用情况。

1. 医疗机构使用名称是否与核准登记一致。如牌匾、医疗文件、印章以及银行账户中使用的名称与《医疗机构执业许可证》核准登记的名称是否一致;是否使用"男子""男性""男科"等作为医疗机构识别名称,含有"疑难病""专治""祖传"以及其他宣传、暗示诊疗效果等禁止性名称;非政府设置的医疗机构是否使用行政区划名称;使用"中国""全国""中华""国家"、中心、红十字等特殊冠名是否经过有权限的行政部门的批准等。

2. 医疗机构的临床科室名称是否符合要求。医疗机构科室命名不受所取得《医疗机构执业许可证》所核准的诊疗科目名录限制,可使用如"围产医学科""五官科"等习惯名称和跨学科科室名称;《国家中医药管理局关于规范中医医院医院与临床科室名称的通知》(国中医药发〔2008〕12号)对中医医院临床科室命名作出了规定,并提出中医医院临床科室禁用含有"中医""中西医结合""西医""疑难病""专治""专家""名医""祖传"或者同类含义文字的名称以及其他宣传或者暗示诊疗效果的名称。以"中心""国医堂"等作为临床科室名称的由省级中医药管理部门核准。

（四）出租承包科室

通过看现场科室设置有无特殊性、医疗机构财务、物资、设备管理、人事管理等检查医疗机构是否将诊疗场所、科室出租给非本医疗机构人员或其他机构并以非本医疗机构名义开展诊疗活动，是否同意由非机构人员或其他机构在院外自己设立相应医疗科室，并以该医疗机构名义开展诊疗活动，政府举办的非营利性医疗机构是否投资与其他组织合资合作设立非独立法人资格的营利性的"科室""病区""项目"。

对医疗机构未设立相应科室，也未将房屋（场地）交与非本机构人员或其他机构使用，而是同意由非本机构人员或其他机构在院外设立相应医疗科室，并以本医疗机构名义开展诊疗活动，应视为出借、出租《医疗机构执业许可证》。

（五）卫生技术人员使用管理

1. 医疗机构不得使用非卫生技术人员从事医疗卫生技术工作（见《卫生技术人员监督》）。

2. 医疗机构是否按规定向卫生计生行政部门报告医师执业情况。医师注册后出现死亡或被宣告失踪的，受刑事处罚的，受吊销医师执业证书行政处罚的，医师定期考核不合格被暂停执业活动期满再次考核仍不合格的，连续2个考核周期未参加医师定期考核的，中止医师执业活动满2年的，身体健康状况不适宜继续执业的，出借、出租、抵押、转让、涂改《医师执业证书》的，在医师资格考试中参与有组织作弊的，本人主动申请的以及国务院卫生计生行政部门规定不宜从事相关业务的其他情形的，医师所在的医疗机构应当在30日内报告医师注册的卫生计生行政部门。

（六）医疗服务信息

1. 医疗机构证件信息公示情况　现场检查医疗机构是否在门诊大厅等明显处所公示《医疗机构执业许可证》《母婴保健技术服务执业许可证》《放射诊疗许可证》、诊疗科目、诊疗时间和收费标准等信息。

2. 医务人员佩证上岗情况　检查医疗机构工作人员上岗工作，是否佩戴载有本人姓名、职务或者职称的标牌，标牌信息是否与实际一致。

3. 医疗广告　将医疗机构发布虚假医疗广告、篡改广告情况列入医疗机构有关监管工作；对工商部门通报给卫生计生部门的发布虚假违法医疗广告情节严重的有关医疗机构，依法查处。

（七）出具医学证明文件（参见医疗文书监督）

二、违法行为处理

（一）执业地址

1. 医疗机构实际执业地址与其《医疗机构执业许可证》登记的地址不相符。

处理：违反了《医疗机构管理条例实施细则》第三十条，根据《卫生部关于对非法采供血液和单采血浆、非法行医专项整治工作中有关法律适用问题的批复》和《医疗机构管理条例》第四十四条。

2. 医疗机构设立的分支医疗机构（分支点）未在医疗机构执业许可证上增加执业地址或未单独办理《医疗机构执业许可证》。

处理：分支医疗机构（分支点）违反《医疗机构管理条例》二十四条，按照《医疗机构管理条例》四十四条处理。

（二）执业范围

1. 诊疗活动超出医疗机构登记的诊疗科目。

处理：违反了《医疗机构管理条例》第二十七条，根据《医疗机构管理条例》第四十七条或《医疗机构管理条例实施细则》第八十条。

2. 医疗机构开展健康体检、血液透析室、戒毒医疗服务、医疗美容项目、人类辅助生殖技术、人类精子库、临床基因扩增检验、限制临床应用的医疗技术等特殊医疗项目未进行登记或备案，或超出本单位诊疗科目邀请或派出会诊。

处理：分别违反了《健康体检管理暂行规定》《卫生部关于对医疗机构血液透析室实行执业登记管理的通知》《戒毒医疗服务管理暂行办法》《医疗美容服务管理办法》《人类辅助生殖技术管理办法》《人类精子库管理办法》《医疗机构临床基因扩增检验实验室管理办法》《国家卫计委关于取消第三类医疗技术临床应用准入审批有关工作的通知》《性病防治管理办法》《医师外出会诊管理暂行规定》等有关规定，依照相关规定依法处理。

（三）名称使用

医疗机构使用未经核准名称。

处理：责令改正。地方性法规有规定的从其规定。

（四）出租科室、场所给非本医疗机构人员或其他机构

医疗机构将其科室或诊疗场所承包、出租给非本医疗机构人员或者其他机构并以本医疗机构名义开展诊疗活动。

处理：根据《卫生部关于对非法采供血液和单采血浆、非法行医专项整治工作中有关法律适用问题的批复》（卫政法发〔2004〕224号），对出租方按照《医疗机构管理条例》第四十六条处理。对承租方按照《医疗机构管理条例》第四十四条处理。

（五）医疗机构使用非卫生技术人员

1. 医疗机构使用非医师从事医师执业活动。

处理：对医疗机构使用非医师从事医师执业活动的，违反《医疗机构管理条例》第二十八条，按照《医疗机构管理条例》第四十八条进行处理；对非医师个人处理参见卫生技术人员监督部分。

2. 医疗机构使用非护士从事护士执业活动（参见卫生技术人员章节）。

3. 医疗机构使用未取得相应职称人员从事相关技术岗位活动（参见卫生技术人员章节）。

（六）医疗服务信息

1. 医疗机构未在明显处所悬挂或公示《医疗机构执业许可证》、诊疗科目、诊疗时间和收费标准。

处理：责令改正。可采取医疗机构不良执业行为计分等行政管理措施，加大执法监督力度。

2. 医疗机构工作人员上岗工作时，未佩戴载有本人姓名、职务或者职称的标牌。

处理：责令改正。可采取医疗机构不良执业行为计分等行政管理措施，加大执法监督力度。

3. 医疗机构发布虚假违法医疗广告。

处理：对工商部门通报给卫生计生部门的发布虚假违法医疗广告情节严重的有关医疗机构，依据《医疗广告管理办法》第二十条，可以采取吊销诊疗科目或者吊销《医疗机构执业许可证》的措施。

第三节　相 关 知 识

一、医疗机构

医疗机构是指依据《医疗机构管理条例》和《医疗机构管理条例实施细则》（以下简称《细则》）的规定，经登记取得《医疗机构执业许可证》的机构。《细则》将医疗机构分成14类：

1. 综合医院、中医医院、中西医结合医院、民族医医院、专科医院、康复医院。

2. 妇幼保健院、妇幼保健计划服务中心。

3. 社区卫生服务中心、社区卫生服务站。

4. 中心卫生院、乡（镇）卫生院、街道卫生院。

5. 疗养院。

6. 综合门诊部、专科门诊部、中医门诊部、中西医结合门诊部、民族医门诊部。

7. 诊所、中医诊所、民族医诊所、卫生所、医务室、卫生保健所、卫生站。

8. 村卫生室（所）。

9. 急救中心、急救站。

10. 临床检验中心。

11. 专科疾病防治院、专科疾病防治所、专科疾病防治站。

12. 护理院、护理站。

13. 医学检验实验室、病理诊断中心、医学影像诊断中心、血液透析中心、安宁疗护中心。

14. 其他诊疗机构。

二、诊疗活动

诊疗活动是指通过各种检查，使用药物、器械及手术等方法，对疾病作出判断和消除疾病、缓解病情、减轻痛苦、改善功能、延长生命、帮助患者恢复健康的活动。

第四章

卫生技术人员监督

医学是一门非常复杂而又严谨的科学，医疗服务技术具有很强的专业技术性和高风险性，因此，医疗服务行业对卫生技术人员的准入要求非常严格，进入医疗服务行业的卫生技术人员不仅要受过高等或中等医学卫生专业的教育或专门培训，掌握一定的专业知识和技能，而且还必须经过卫生计生行政部门审查，取得相应的专业资格后，才能从事相关的卫生技术工作。卫生技术人员是指按照国家有关法律、法规和规章的规定取得卫生技术人员资格或者职称的人员，包括医师、护士、药学人员、医技人员等。

卫生技术人员的监督是医疗卫生监督的重要组成部分，主要包括对执业主体的监督和开展诊疗活动（执业行为）的监督2个方面。对执业主体的监督检查是对从业人员个人情况及相关执业资格情况进行监督检查，可通过核查身份证、相关执业证书或证明、从业人员与医疗机构之间关系等方法，调查当事人身份信息以及执业资格信息，核查真实性、有效性。对卫生技术人员执业行为的监督检查，一是通过现场检查，记录、收集、固定与其执业活动有关的药品、设备、仪器等物品及病历、处方、检查治疗单、收费单等书面资料；二是通过询问从业人员、服务对象及其他相关人员，了解卫生技术人员从事相关执业活动的时间、内容、对象，使用的药品、器械、技术手段、服务数量及收入等相关情况，从而调查卫生技术人员是否按照法律、法规及医疗技术规范开展诊疗活动。

涉及各类卫生技术人员监管的法律法规众多，例如《中华人民共和国执业医师法》《护士条例》《乡村医生从业管理条例》《外国医师来华短期行医暂行管理办法》《香港和澳门特别行政区医疗专业技术人员在内地短期执业管理暂行规定》《台湾地区医师在大陆短期行医管理规定》《香港、澳门特别行政区医师在内地短期行医管理规定》《医师定期考核管理办法》《处方管理办法》《预防医学、全科医学、药学、护理、其他卫生技术等专业技术资格考试暂行规定》等。

第一节　医师执业监督

一、监督检查的主要内容

1. 医师经注册后，可以在医疗、预防、保健机构中按照注册的执业地点、执业类别、执业范围执业，从事相应的医疗、预防、保健业务。未经医师注册取得执业证书，不得从事医师执业活动。

2. 执业助理医师应当在执业医师的指导下，在医疗、预防、保健机构中按照其执业类别执业；在乡、民族乡、镇的医疗、预防、保健机构中工作的执业助理医师，可以根据医疗诊治的情况和需要，独立从事一般的执业活动。执业助理医师不得开展剖腹探查手术 [《卫生部关于对执业助理医师行医有关问题的批复》(卫政法发〔2005〕135 号)]，不得申请个体行医、设置个体诊所(卫医函〔2001〕163 号《卫生部关于执业助理医师能否设置个体诊所问题的批复》)。

3. 外国医师来华短期行医，必须遵守中国的法律法规，尊重中国的风俗习惯；台湾医师在大陆、港澳医师在内地短期行医必须遵守医疗卫生管理法律、行政法规、部门规章及诊疗护理规范、常规，尊重当地的风俗习惯。台湾医师在大陆、港澳医师在内地短期行医必须在执业有效期内按照注册的执业地点、执业类别、执业范围从事相应的诊疗活动，并应当按照《医师定期考核管理办法》和国家卫生计生委有关规定接受定期考核。

4. 乡村医生经注册取得执业证书后，可在聘用其执业的村医疗卫生机构从事预防、保健和一般医疗服务。未经注册取得乡村医生执业证书的，不得执业。乡村医生执业证书有效期为 5 年。乡村医生执业证书有效期满需要继续执业的，应当在有效期满前 3 个月申请再注册。

5. 医师执业活动调查主要包括以下 4 个方面：

（1）检查医师排班表、交班本、病历、处方等医疗文书，核查是否有未注册的医师从事诊疗活动；

（2）检查病历、处方、检验报告、诊断报告、医学证明文件等医疗文书，核查医师执业活动是否与其执业范围、执业地点一致；

（3）检查病历、处方、医学证明文件等医疗文书，检查医师的执业行为是否符合卫生行政规章制度要求或技术操作规范；

（4）查验相关药品、器械批准文件，检查医师是否使用未经批准使用的药品和医疗器械。

二、违法行为处理

(一)未取得行医资格擅自执业

1. 非医师行医(违反《执业医师法》第八条、第十二条、第十三条、第十四条,根据《执业医师法》第三十九条进行处罚)。

2. 取得医师资格人员未经执业注册行医(根据卫政法发〔2004〕178号、卫政法发〔2006〕483号批复,根据《执业医师法》第三十九条进行处罚)。

例外:已取得《医师资格证书》,非本人原因未经执业注册的人员,在其人事关系所在单位和工作时间内的执业活动不属非法行医(卫政法发〔2004〕223号、卫政法发〔2007〕185号)。

3. 以非法手段取得《医师执业证书》从事医师执业活动(依据《行政许可法》第六十九条撤销《医师执业证书》)。

说明:虽然《执业医师法》第三十六条与《行政许可法》第六十九条对相对人以不正当手段取得许可分别设定了"吊销"和"撤销"2个不同的法律后果,但《行政许可法》较之《执业医师法》为新法、后法,同时也是针对行政许可的特别法。因此,针对以不正当手段取得医师执业证书的,应当由发给证书的卫生计生行政部门予以"撤销"而不是"吊销"。同时,撤销的效力溯及以往,被撤销的《医师执业证书》自始无效,以不正当手段取得者自始为非医师行医。

4. 外国医师来华短期行医未取得行医许可证(依据《外国医师来华短期行医暂行管理办法》第十五条进行处罚)。

5. 港澳医师在内地短期行医未取得行医许可证(根据《香港、澳门特别行政区医师在内地短期行医管理规定》第十八条,依据《执业医师法》第三十九条进行处罚)。

6. 台湾医师在大陆短期行医未取得行医许可证(根据《台湾地区医师在大陆短期行医管理规定》第十八条,依据《执业医师法》三十九条处罚)。

7. 医学毕业生擅自在医疗机构中独立从事临床工作(根据卫政法发〔2005〕357号批复,依据《执业医师法》第三十九条进行处罚)。

(二)医师未经批准擅自开办医疗机构行医

医师未经批准擅自开办医疗机构行医(违反《执业医师法》第十四条、第十九条第一款,根据《执业医师法》第三十九条进行处罚)。

(三)执业助理医师独立执业

根据《卫生部关于执业助理医师独立从事诊疗活动发生医疗事故争议有关问题的批复》(卫政法发〔2006〕497号)的规定,执业助理医师独立执业不属非法行医。

1. 执业助理医师独立执业的,对医师按以下情形适用法律查处:

（1）执业助理医师独立从事执业活动未造成严重后果的，依照《执业医师法》第三十条规定责令立即改正。

（2）执业助理医师独立从事执业活动造成严重后果的，依照《执业医师法》第三十七条予以查处。

（3）执业助理医师独立从事执业活动还可根据《医师定期考核管理办法》第十八条、第二十六条规定给予提前考核、暂停执业3~6个月、注销注册等处分和处罚。

2. 执业助理医师独立执业的，同时对医疗机构按以下情形处理：

（1）执业助理医师独立从事执业活动开具处方（含涉药医嘱）的，根据《处方管理办法》第五十四条，按照《医疗机构管理条例》第四十八条进行处罚。

（2）执业助理医师独立从事执业活动未开具处方（含涉药医嘱）的，按违反《医疗机构管理条例》第二十五条的规定，责令立即改正。

（四）医师擅自变更执业地点的

医师擅自变更执业地点到合法医疗机构

1. 对医师按以下情形适用法律查处：

（1）医师擅自变更执业地点到合法医疗机构开展执业活动未造成严重后果的，依照违反《执业医师法》第十四条进行处理，责令立即改正。

（2）医师擅自变更执业地点到合法医疗机构开展执业活动造成严重后果的，依照《执业医师法》第三十七条给予警告、停止执业6个月至1年，吊销执业证书等处罚。

（3）未经批准违规会诊的，依照《医师外出会诊管理暂行规定》第二十条处理。

（4）另还可根据《医师定期考核管理办法》第十八条、第二十六条规定给予提前考核、暂停执业3~6个月、注销注册等处分和处罚。

上述情形也适用未取得处方权按照《处方管理办法》处理。

2. 同时对医疗机构按以下情形处理：

（1）擅自变更执业地点的医师开具处方（含涉药医嘱），根据《处方管理办法》第五十四条，依据《医疗机构管理条例》第四十八条进行处罚。

（2）擅自变更执业地点的医师未开具处方（含涉药医嘱），按违反《医疗机构管理条例》第二十五条，责令立即改正。

3. 医师擅自变更的执业地点为非法医疗机构

如果该非法行医场所不是医师本人开设，按照《执业医师法》第三十七条处理。

（五）医师超出执业范围行医

医师经注册后，可以在医疗、预防、保健机构中按照注册的执业地点、执业类别、执业范围执业，从事相应的医疗、预防、保健业务。在核准医师执业类别、执业范围时必须注意全面理解适用《关于医师执业注册中执业范围的暂行规定》。依据国家有关规定，经医疗、预防、保健机构批准的卫生支农、会诊、进修、学术交流、承担政府交办的任务和卫生计生行政部门批准的义诊等情况不属于超范围行医。

《医疗机构管理条例实施细则》第八十一条第二款规定："医疗机构使用卫生技术人员从事本专业以外的诊疗活动的，按使用非卫生技术人员处理。"必须注意：从事本专业以外开展诊疗活动的卫生技术人员并不是实质意义上的"非卫生技术人员"，不能对他们按"非医师行医""非法行医"处理，只能按其超范围行医适用法律查处。

1. 对医师超范围行医按以下情形适用法律查处：

（1）医师超范围行医未造成严重后果的，按违反《执业医师法》第十四条责令其立即改正。

（2）医师超范围行医造成严重后果的，依照《执业医师法》第三十七条处理。

（3）还可按照《医师定期考核管理办法》第十八条、第二十六条给予提前考核、暂停执业 3~6 个月、注销注册等处分与处罚。

2. 同时对使用医师超范围行医的医疗机构，按照《医疗机构管理条例》第四十八条规定查处。

注意：

外科医师不能出具 B 超诊断报告（卫医政函〔2009〕463 号）。

心内科医师可以出具心电图诊断报告单（卫政法函〔2008〕557 号）和超声心动图诊断报告（卫医政函〔2010〕91 号）。

（六）医师违反规定开具药品处方

医师违反规定开具药品处方，违反《处方管理办法》第六条、第七条、第十四条、第十七条、第十八条、第十九条、第二十八条的规定，根据《处方管理办法》第五十七条第（二）项查处。

（七）在内地短期行医的港澳、台湾医师擅自变更执业地点、执业类别、执业范围

1. 港澳医师　违反《香港、澳门特别行政区医师在内地短期行医管理规定》第十一条"港澳医师在内地短期行医必须在执业有效期内按照注册的执业地点、执业类别、执业范围从事相应的诊疗活动"，按照第十九条的规定，由县级以上人民政府卫生行政部门责令改正，并给予警告；逾期不改的，按照《执业医师法》第三十七条第（一）项规定处理。

2. 台湾医师　违反《台湾地区医师在大陆短期行医管理规定》第十一条"台湾医师在大陆短期行医必须在执业有效期内按照注册的执业地点、执业类

别、执业范围从事相应的诊疗活动",按照第十九条的规定,由县级以上人民政府卫生行政部门责令改正,并给予警告;逾期不改的,按照《执业医师法》第三十七条第(一)项规定处理。

第二节 护士执业监督

一、监督检查的主要内容

1. 护士经执业注册取得《护士执业证书》后,方可按照注册的执业地点从事护理工作。未经执业注册取得《护士执业证书》者,不得从事诊疗技术规范规定的护理活动。护士执业注册有效期为 5 年。护士在其执业注册有效期内变更执业地点等注册项目,应当办理变更注册。但承担卫生计生行政部门交办或者批准的任务以及履行医疗卫生机构职责的护理活动,包括经医疗卫生机构批准的进修、学术交流等除外。

2. 护士执业,应当遵守法律、法规、规章和诊疗技术规范的规定。

发现患者病情危急,应当立即通知医师;在紧急情况下为抢救垂危患者生命,应当先行实施必要的紧急救护。护士发现医嘱违反法律、法规、规章或者诊疗技术规范规定的,应当及时向开具医嘱的医师提出;必要时,应当向该医师所在科室的负责人或者医疗卫生机构负责医疗服务管理的人员报告。护士应当尊重、关心、爱护患者,保护患者的隐私。护士有义务参与公共卫生和疾病预防控制工作,发生自然灾害、公共卫生事件等严重威胁公众生命健康的突发事件,护士应当服从县级以上人民政府卫生主管部门或者所在医疗卫生机构的安排,参加医疗救护。

3. 护士执业活动调查主要包括以下 2 个方面:

(1)检查护士排班表、交班本、护理记录、医嘱单等,核查有无未注册的护士独立从事护理活动;

(2)检查病历、医嘱单、护理记录、检查治疗单等医疗文书,检查护士执行相关规章制度和技术规范的情况。

二、违法行为处理

(一)未经注册取得《护士执业证书》、超出注册有效期或未变更执业地点

未经注册取得《护士执业证书》、超出注册有效期或未变更执业地点从事护理工作的,违反《护士条例》第七条、第九条的规定,责令限期改正。并依据《护士条例》第二十八条的规定,对医疗机构予以立案查处。

说明:《医疗机构管理条例》与《护士条例》均属国务院制定的行政法规,

但《护士条例》是针对护士执业活动制定的特别规定,根据《立法法》第八十三条"同一机关制定的法律、行政法规、地方性法规、自治条例和单行条例、规章,特别规定与一般规定不一致的,适用特别规定;新的规定与旧的规定不一致的,适用新的规定"之法律适用原则,针对相关护士执业违法行为查处,应当适用《护士条例》查处。

（二）护士发现患者病情危急未立即通知医师

护士发现患者病情危急未立即通知医师的,违反《护士条例》第十七条第一款的规定,依据《护士条例》第三十一条第(一)项规定,责令改正,给予警告。情节严重的,暂停其 6 个月以上 1 年以下执业活动,直至由原发证部门吊销其护士执业证书。

（三）在执业活动中护士违反相关规章或者诊疗技术规范

护士发现医嘱违反法律、法规、规章或者诊疗技术规范的规定,未提出或者报告,违反《护士条例》第十七条第二款的规定,依据《护士条例》第三十一条第(二)项规定,责令改正,给予警告。情节严重的,暂停其 6 个月以上 1 年以下执业活动,直至由原发证部门吊销其护士执业证书。

（四）护士泄露患者隐私

护士泄露患者隐私的,违反《护士条例》第十八条的规定,依据《护士条例》第三十一条第(三)项规定,责令改正,给予警告。情节严重的,暂停其 6 个月以上 1 年以下执业活动,直至由原发证部门吊销其护士执业证书。

第三节　药学人员执业监督

一、监督检查的主要内容

1. 未取得药学专业技术职务任职资格的人员不得从事处方调剂工作。在处方调剂过程中,负责处方审核、核对和发药的人员必须具有药师以上专业技术职务任职资格;从事处方调配的人员必须具有药士(或以上)专业技术职务任职资格。药师经考核合格后取得麻醉药品和第一类精神药品调剂资格。药师应当凭医师处方调剂处方药品,非经医师处方不得调剂。

2. 药师应当按照操作规程调剂处方药品药师经处方审核后,认为存在用药不适宜时,应当告知处方医师,请其确认或者重新开具处方。药师发现严重不合理用药或者用药错误,应当拒绝调剂,及时告知处方医师,并应当记录,按照有关规定报告。

3. 药师执业活动的调查主要是检查已调剂处方,核查药师是否存在按照《处方管理办法》规定调剂处方药品。

4．"处方笺"后记部分"调配"（"调剂"）"审核""核对""发药"各栏从事人员

处方笺的后记部分，有"审核""核对""发药""调配"等术语，另外，在《处方管理办法》中又出现了"调剂"的概念，卫生监督人员应对以上术语的含义有一个正确的理解和把握：

调剂：是指药学专业技术人员对医师开具的处方进行审查、处理和执行的行为，包括对处方的审核、评估、核对、发药、用药安全指导和处方调配等。

调配：是指药学专业技术人员（药士以上技术职称）对审核后的处方正文上记载的药品按药名、剂型、规格，数量等在药房内进行收集、配置的行为。

审核：是指药学专业技术人员对处方用药适宜性进行审查的行为，其内容包括《处方管理办法》第三十五条规定的7种情形。

核对：是指药学专业技术人员在发药前对处方记载内容进行再次检查和比对的行为，具体要求应按《处方管理办法》第三十七条的规定执行（"四查十对"）。

发药：是指处方经审核、核对后，药学专业技术人员将调配好的处方药品发给患者的行为，是处方调剂的最后一个环节。

二、违法行为处理

（一）药师未按照规定调剂处方药品

药师未按照规定调剂处方药品的，依据《处方管理办法》第五十八条规定"药师未按照规定调剂处方药品，情节严重的，由县级以上卫生行政部门责令改正、通报批评，给予警告；并由所在医疗机构或者其上级单位给予纪律处分。"进行处罚。

（二）药师未按照规定调剂麻醉药品、精神药品处方

药师未按照规定调剂麻醉药品、精神药品处方的，违反《处方管理办法》第三十九条的规定，依据《处方管理办法》第五十六条第（三）项进行处罚。

第四节　医技人员执业监督

一、监督检查的主要内容

1．除医师、护士、药学人员外，医疗机构中还存在数量众多的医技人员。医技人员应当自觉遵守国家法律法规，遵守医疗卫生行业规章和纪律，严格执行所在医疗机构各项制度规定；遵守各类操作规范，发现患者的检查项目不符合医学常规的，应及时与医师沟通。及时、准确出具检查、检验报告，提

高准确率，不谎报数据，不伪造报告；发现检查检验结果达到危急值时，应及时提示医师注意；对接触传染性物质或放射性物质的相关人员，进行告知并给予必要的防护；不违规买卖标本，谋取不正当利益。

2. 医技人员执业活动的调查主要是检查检验报告、辅助检查报告、诊断报告等，核查医技人员资质及是否出具诊断性报告等。

二、违法行为处理

医技人员不能出具影像、病理、超声、心电图等诊断报告，一旦作出诊断报告按非医师行医进行查处（《卫生部关于医技人员出具相关检查诊断报告问题的批复》卫政法发〔2004〕163号）。

第五节　相 关 知 识

一、执业医师的定义

（一）执业医师

1. 医师是指依法取得执业医师资格或者执业助理医师资格，经注册在医疗、预防、保健机构中执业的专业医务人员，包括执业医师和执业助理医师。国家实行医师资格考试制度、医师注册制度。

2. 执业医师资格或者执业助理医师《医师资格证书》通过考试或者认定的获得。已经取得《医师资格证书》的人员，拟在医疗、保健机构中执业的，应当卫生计生行政部门申请注册，取得《医师执业证书》后方可开展执业活动。

医师执业注册内容包括：执业地点、执业类别、执业范围。执业地点是指执业医师执业的医疗、预防、保健机构所在地的省级行政区划和执业助理医师执业的医疗、预防、保健机构所在地的县级行政区划。执业类别是指临床、中医（包括中医、民族医和中西医结合）、口腔、公共卫生。执业范围是指医师在医疗、预防、保健活动中从事的与其执业能力相适应的专业。

3. 医师多机构执业包括在同一执业地点多个机构执业和跨执业地点增加执业机构。在同一执业地点多个机构执业的医师，应当确定一个机构作为其主要执业机构，并向批准该机构执业的卫生计生行政部门申请注册；对于拟执业的其他机构，应当向批准该机构执业的卫生计生行政部门分别申请备案，注明所在执业机构的名称。医师跨执业地点增加执业机构，应当向批准该机构执业的卫生计生行政部门申请增加注册。执业助理医师只能注册一个执业地点。医师外出会诊按照《医师外出会诊管理暂行规定》等有关规定执行。

4. 医师定期考核是指受县级以上地方人民政府卫生计生行政部门委托的机构或组织按照医师执业标准对医师的业务水平、工作成绩和职业道德进行的考核。分为执业医师考核和执业助理医师考核。考核类别分为临床、中医（包括中医、民族医、中西医结合）、口腔和公共卫生。医师定期考核每 2 年为 1 个周期。

（二）外国医师、台湾医师、港澳医师短期行医

除执业医师外，我国允许符合条件的外国医师来华短期行医，允许符合条件的台湾医师、港澳医师来大陆（内地）短期行医。

1. 外国医师来华短期行医 "外国医师来华短期行医"，是指在外国取得合法行医权的外籍医师，应邀、应聘或申请来华从事不超过 1 年期限的临床诊断、治疗业务活动。外国医师来华短期行医必须经过注册，取得《外国医师短期行医许可证》。外国医师来华短期行医注册的有效期不超过 1 年。

2. 台湾医师在大陆短期行医 台湾医师在大陆短期行医，是指台湾医师应聘在大陆医疗机构从事不超过 3 年的临床诊疗活动。台湾医师在大陆短期行医应当取得《台湾医师短期行医执业证书》。台湾医师申请大陆短期行医执业注册的执业类别可以为临床、中医、口腔 3 个类别之一。执业范围应当符合《执业医师法》和国家卫生计生委有关执业范围的规定。《台湾医师短期行医执业证书》有效期应与台湾医师在大陆医疗机构应聘的时间相同，最长为 3 年。

3. 港澳医师在内地短期行医 港澳医师在内地短期行医，是指港澳医师应聘在内地医疗机构从事不超过 3 年的临床诊疗活动。港澳医师在内地短期行医应当取得《港澳医师短期行医执业证书》。港澳医师申请内地短期行医执业注册的执业类别可以为临床、中医、口腔 3 个类别之一。执业范围应当符合《执业医师法》和国家卫生计生委有关执业范围的规定。《港澳医师短期行医执业证书》有效期应与港澳医师在内地医疗机构应聘的时间相同，最长为 3 年。

二、执业护士的定义

护士是指通过国务院卫生主管部门组织的护士执业资格考试，经执业注册取得护士执业证书，从事护理活动，履行保护生命、减轻痛苦、增进健康职责的卫生技术人员。

护士与护工的区别：

护工指为患者提供生活护理、协助护士从事非护理技术操作工作者，系患者生活照护者。《关于进一步加强护理管理工作的通知》（卫医发〔1997〕第 23 号）严格界定了护工岗位职责，其工作内容可包括：外送患者（途中无危险

者)进行各种检查,送取各类检查化验标本、报告单及病房用物,规定物品的清洗、消毒,在护士指导下对患者进行简单生活护理和床单的清洁消毒等工作。护工不能从事护理技术性操作及对危重患者的生活护理。

护士是经执业注册取得护士执业证书的卫生技术人员,在执业活动中应当遵守法律、法规、规章和诊疗技术规范的规定;发现患者病情危急,应当立即通知医师;在紧急情况下为抢救垂危患者生命,应当先行实施必要的紧急救护。

可见,护士是从事专业的诊疗规范规定的护理工作的卫生技术人员,而护工是不能从事诊疗规范规定的护理工作的非卫生技术人员。护工从事护士工作不构成非医师行医,护士从事医师工作构成非医师行医。

三、药学人员的定义

(一)执业药师

执业药师是指经全国统一考试合格,取得《执业药师资格证书》并经注册登记,在药品生产、经营、使用单位中执业的药学技术人员。国家实行执业药师资格制度,纳入全国专业技术人员执业资格制度统一规划的范围。

(二)医疗机构其他药学专业技术人员

《处方管理办法》规定:"药学专业技术人员,是指按照卫生部《卫生技术人员职务试行条例》规定,取得药学专业技术职务任职资格人员,包括主任药师、副主任药师、主管药师、药师、药士。取得药学专业技术职务任职资格的人员方可从事处方调剂工作。"所以,只要取得了药学专业技术职务任职资格的人员均可在医疗机构内开展处方调剂工作,是卫生技术人员。

四、医技人员的定义

医技人员指医疗机构内除医师、护士、药学技术人员之外从事其他技术服务的卫生专业技术人员。其任职资格通过专业技术资格考试取得,主要包括口腔医学技术人员、放射医学技术人员、临床医学检验技术人员、病理学技术人员、康复医学治疗技术人员、营养师、理化检验技术人员、微生物检验技术人员、病案信息技术人员等。

此外,《盲人医疗按摩管理办法》规定盲人医疗按摩属于医疗行为,应当在医疗机构中开展;盲人医疗按摩人员是卫生技术人员。

五、乡村医生的定义

乡村医生是指尚未取得执业医师资格或者执业助理医师资格,经注册在村医疗卫生机构从事预防、保健和一般医疗服务的医师。乡村医生是我国一种特殊的卫生技术人员。

国家实行乡村医生执业注册制度。乡村医生经注册取得乡村医生执业证书后，方可在聘用其执业的村医疗卫生机构从事预防、保健和一般医疗服务。未经注册取得乡村医生执业证书的，不得执业。乡村医生执业证书有效期为5年。

省、自治区、直辖市人民政府组织制定乡村医生培训规划，保证乡村医生至少每2年接受1次培训。县级人民政府根据培训规划制定本地区乡村医生培训计划。乡村医生经考核合格的，可以继续执业；经考核不合格的，在6个月之内可以申请进行再次考核。逾期未提出再次考核申请或者经再次考核仍不合格的乡村医生，原注册部门应当注销其执业注册，并收回乡村医生执业证书。

六、医学生和医学毕业生的定义

医学生是指具有注册学籍的在校医学类专业学生，其临床教学实践活动在临床教学基地进行。试用期医学毕业生是指被相关医疗机构录用并尚未取得执业医师资格的医学毕业生，其临床教学实践活动在相关医疗机构进行。

医学生的临床见习、临床实习、毕业实习等临床教学实践活动和试用期医学毕业生的临床实践活动均是医学教育临床实践。医学生和试用期医学毕业生参与医学教育临床诊疗活动必须由临床带教教师或指导医师监督、指导，不得独自为患者提供临床诊疗服务。临床实践过程中产生的有关诊疗的文字材料必须经临床带教教师或指导医师审核签名后才能作为正式医疗文件（《医学教育临床实践管理暂行规定》）。

取得省级以上教育行政部门认可的医学院校医学专业学历的毕业生在医疗机构内试用（或实习）期间，可以在上级医师的指导下从事相应的医疗活动，但不得独立从事临床活动，包括不得出具任何形式的医学证明文件和医学文书（卫办医发〔2002〕58号、卫政法发〔2005〕357号）。

第五章

医疗文书监督

第一节　处方的监督

一、监督检查的主要内容

处方的监督，主要是通过查阅医疗机构相关处方开具和调剂情况，对其合法性进行监督检查。

（一）普通处方的监督检查

检查开具处方人员的资质，抽取门诊处方、住院病历、出院病历，对照医疗机构取得处方权医师名单，查看处方签名的医师有没有取得处方权。

（二）精麻药品处方的监督检查

检查开具精麻药品处方人员的资质，抽取门诊处方、住院病历、出院病历，对照医疗机构取得精麻药品医师名单，查看精麻药品处方或精麻药品医嘱签名的医师有没有取得精麻药品处方权。

（三）抗菌药物处方的监督检查

检查开具抗菌药物处方人员的资质，抽取门诊处方、住院病历、出院病历，查看医疗机构医师抗菌药物处方权限及专业技术职务任职资格，查看医疗机构是否有执行抗菌药物分级管理、使用未取得抗菌药物处方权的医师或者使用被取消抗菌药物处方权的医师开具抗菌药物处方的行为。

（四）处方调剂的监督检查

检查处方调剂人员的资质，抽取门诊处方、住院处方，查看处方调剂人员是否取得药学专业技术职务任职资格，负责处方审核、评估、核对、发药以及安全用药指导人员是否为具有药师以上资格人员。是否按照操作规程调剂处方药品，对处方用药实施适宜性审核。

二、违法行为处理

(一)医疗机构

1. 使用未取得处方权的人员、被取消处方权的医师开具处方。

处理:违反了《处方管理办法》第四十七条,依据《处方管理办法》第五十四条第一项(按照《医疗机构管理条例》第四十八条的规定)处理。

2. 使用未取得麻醉药品和第一类精神药品处方资格的医师开具的麻醉药品和第一类精神药品处方。

处理:违反了《处方管理办法》第四十七条,依据《处方管理办法》第五十四条第二项(按照《医疗机构管理条例》第四十八条的规定)处理。

3. 使用未取得药学专业技术职务任职资格的人员从事处方调剂工作。

处理:违反了《处方管理办法》第四十九条,依据《处方管理办法》第五十四条第三项(按照《医疗机构管理条例》第四十八条的规定)处理。

4. 取得印鉴卡的医疗机构未按规定购买、麻醉药品和第一类精神药品。

处理:违反了《麻醉药品和精神药品管理条例》第三十六条第一款,依据《麻醉药品和精神药品管理条例》第七十二条第一项的规定处理。

5. 取得印鉴卡的医疗机构未按规定储存麻醉药品和第一类精神药品。

处理:违反了《麻醉药品和精神药品管理条例》第四十七条,依据《麻醉药品和精神药品管理条例》第七十二条第一项的规定处理。

6. 取得印鉴卡的医疗机构未按规定保管麻醉药品和精神药品专用处方或者未依照规定进行专册登记。

处理:违反了《麻醉药品和精神药品管理条例》第四十一条,依据《麻醉药品和精神药品管理条例》第七十二条第二项的规定处理。

7. 取得印鉴卡的医疗机构未按规定报告麻醉药品和精神药品的进货、库存、使用数量。

处理:违反了《麻醉药品和精神药品管理条例》第五十九条第一款,依据《麻醉药品和精神药品管理条例》第七十二条第三项的规定处理。

8. 医疗机构紧急借用麻醉药品和第一类精神药品未备案。

处理:违反了《麻醉药品和精神药品管理条例》第四十二条,依据《麻醉药品和精神药品管理条例》第七十二条第四项的规定处理。

9. 使用未取得抗菌药物处方权的医师或者使用被取消抗菌药物处方权的医师开具抗菌药物处方。

处理:违反了《抗菌药物临床应用管理办法》第二十四条,依据《抗菌药物临床应用管理办法》的第五十条第一项的规定处理。

10. 未对抗菌药物处方、医嘱实施适宜性审核,情节严重的。

处理：违反了《抗菌药物临床应用管理办法》第三十条，依据《抗菌药物临床应用管理办法》的第五十条第二项的规定处理。

（二）医师

1. 未取得处方权或者被取消处方权后开具药品处方。

处理：违反了《处方管理办法》第四十七条，依据《处方管理办法》第五十七条第一项（按照《执业医师法》第三十七条的规定）处理。

2. 未按《处方管理办法》规定开具药品处方。

处理：违反了《处方管理办法》第四条、第六条、第七条、第十四条等，依据《处方管理办法》第五十七条第二项（按照《执业医师法》第三十七条的规定）处理。

3. 未取得麻醉药品和第一类精神药品处方资格的医师擅自开具麻醉药品和第一类精神药品处方。

处理：违反了《麻醉药品和精神药品管理条例》第三十八条第一款，依据《麻醉药品和精神药品管理条例》第七十三条第二款的规定处理。

4. 具有麻醉药品和第一类精神药品处方资格医师未按规定开具麻醉药品和第一类精神药品处方，或未按卫生部制定的精、麻药品临床指导原则使用麻醉药品和第一类精神药品。

处理：违反了《麻醉药品和精神药品管理条例》第三十九条或第三十八条第三款，依据《麻醉药品和精神药品管理条例》第七十三条第一款的规定处理。

5. 未按照《抗菌药物临床应用管理办法》规定开具抗菌药物处方，造成严重后果的。

处理：违反了《中华人民共和国执业医师法》第二十二条第一项，依据《中华人民共和国执业医师法》第三十七条第一项的规定处理。

6. 使用未经国家药品监督管理部门批准的抗菌药物。

处理：违反了《中华人民共和国执业医师法》第二十五条第一款，依据《中华人民共和国执业医师法》第三十七条第六项的规定处理。

7. 使用本机构抗菌药物供应目录以外的品种、品规，造成严重后果的。

处理：违反了《抗菌药物临床应用管理办法》第二十二条，依据《抗菌药物临床应用管理办法》的第五十二条第三项，按照《执业医师法》第三十七条的有关规定处理。

（三）药师

1. 处方的调配人、核对人违反相关的规定未对麻醉药品、第一类精神药品处方进行核对，造成严重后果的。

处理：违反了《麻醉药品和精神药品管理条例》第四十条第二款，依据《麻醉药品和精神药品管理条例》第七十三条第三款的规定处理。

2.未按规定调剂处方药品,情节严重的。

处理:违反了《处方管理办法》第三十二条、第三十三条、第三十七条,依据《处方管理办法》第五十八条规定处理。

3.未按照规定审核、调剂抗菌药物处方,情节严重的。

处理:依据《抗菌药物临床应用管理办法》第五十三条第一项的规定处理。

第二节 病历的监督

一、监督检查的主要内容

（一）病历书写

原卫生部《病历书写基本规范》(卫医政发〔2010〕11号)中,明确了病历书写的基本要求,主要包括以下几方面:

1.书写 要求使用蓝黑墨水、碳素墨水,需复写的病历资料可以使用蓝或黑色油水的圆珠笔。计算机打印的病历应当符合病历保存的要求。

2.文字 应当使用中文,通用的外文缩写和无正式中文译名的症状、体征、疾病名称等可以使用外文。

3.记录 按照规定内容书写,使用医学术语,文字工整,字迹清晰,表述准确,语句通顺,标点正确,并由相应医务人员签名。

4.修改 病历书写过程中出现错字时,应当用双线划在错字上,保留原记录清楚、可辨,并注明修改时间,修改人签名。不得采用刮、粘、涂等方法掩盖或去除原来的字迹。

5.审查 上级医务人员有审查修改下级医务人员书写的病历的责任。

6.日期、时间 要求使用阿拉伯数字、采用24小时制记录。

7.关于特殊人员书写病历 实习医务人员、试用期医务人员书写的病历,要求应当经过本医疗机构注册的医务人员审阅、修改并签名。进修医务人员由医疗机构根据其胜任本专业工作实际情况认定后书写病历。

8.关于知情同意书 应由患者本人签署。患者不具备完全民事行为能力时,应当其法定代理人签字。患者因病无法签字时,应当由其授权的人员签字。为抢救患者,在法定代理人或被授权人无法及时签字的情况下,可由医疗机构负责人或者授权的负责人签字。涉及保护性医疗措施不宜向患者说明情况的,应当将有关情况告知患者近亲属,由患者近亲属签署知情同意书,并及时记录。患者无近亲属的或者患者近亲属无法签署同意书的,由患者的法定代理人或者关系人签署同意书。

9. 关于中医病历　中医病历书写是指医务人员通过望、闻、问、切及查体、辅助检查、诊断、治疗、护理等医疗活动获得有关资料,并进行归纳、分析、整理形成医疗活动记录的行为。病历书写中涉及的诊断,包括中医诊断和西医诊断,其中中医诊断包括疾病诊断与证候诊断。

10. 关于电子病历　电子病历内容应当按照原卫生部《病历书写基本规范》执行,使用原卫生部统一制定的项目名称、格式和内容,不得擅自变更。使用文字处理软件编辑、打印的病历文档,不属于原卫生部《电子病历基本规范(试行)》(卫医政发〔2010〕24号)所称的电子病历。

(二)病历管理

根据《医疗机构病历管理规定(2013年版)》的规定,检查医疗机构是否建立健全病历管理制度;是否设置病案管理部门或者配备专(兼)职人员,负责病历和病案管理工作;是否建立门(急)诊病历和住院病历编号制度;医务人员应当按照《病历书写基本规范》《中医病历书写基本规范》《电子病历基本规范(试行)》和《中医电子病历基本规范(试行)》要求书写病历;是否按规定保管、保存病历。

(三)病历重要性

病历作为重要的医学文书,可以直接作为违法证据使用,也是违法情况的重要线索。在监督检查时,还应该查验以下内容,并按相应的法律法规处理。

1. 根据医师、护士的签名查验相应资质,是否有使用非卫生技术人员的情况。

2. 查验诊断和治疗项目,是否有超范围执业的情况。如:若医嘱单里有查验乙肝、梅毒等检验项目,则需查验该单位是否取得了"临床免疫、血清学专业"的诊疗科目。

3. 查验医疗技术的记录,结合医院提供的相关资质,是否符合备案要求。

4. 根据疾病名称、诊断疾病的过程,可以验证是否经医师亲自诊查开具医学证明。

5. 根据病历中记录的首诊负责制或者三级查房内容,可以反映医院管理是否混乱。

6. 根据知情同意书中的内容和签名,可以知晓院方是否履行了告知义务。

7. 注意病历的修改和篡改具有截然不同的含义和目的。病历的修改是指对原文进行改动、删节或增添,其目的是为了更加符合病历书写规范的要求。篡改是指用作伪的手段改动原文或歪曲原意。

二、违法行为处理

(一)医学文书及有关资料

1. 隐匿、伪造或者擅自销毁医学文书及有关资料

处理:违反了《执业医师法》第二十三条,依据《执业医师法》第三十七条处理。

违反了《医疗事故处理条例》第九条,依据《医疗事故处理条例》第五十八条处理。

2. 未按规定时限书写病历

处理:违反了《医疗事故处理条例》第八条,依据《医疗事故处理条例》第五十六条处理。

(二)目前针对病历制定的规范性文件有《医疗机构病历管理规定(2013年版)》《病历书写基本规范(2010年)》《中医病历书写基本规范(2010年)》《电子病历基本规范(试行)(2010年)》和《中医电子病历基本规范(试行)(2010年)》等。在这些文件中,均无罚则。因此,在监督检查时发现了其他违反上述文件的行为,可以下达监督意见书。

第三节　医学证明的监督

一、监督检查的主要内容

检查有关医学证明文件(疾病诊断书、健康证明书、死亡证明书、出生证明书或者死产报告书等),调查医师是否亲自诊查、调查,并按照规定及时填写医学文书,是否隐匿、伪造或者销毁医学文书及有关资料。同时,必须检查该医师的相应资质。医师不得出具与自己执业范围无关或者与执业类别不相符的医学证明文件。

二、违法行为处理

有关医学证明的违法行为,一般来源于投诉举报。经过现场检查,调取相关病历、处方、挂号收费单据、计算机系统记录,甚至影像录音等,并获取医学证明的原件或复印件,及对相关人员的调查,紧紧围绕法律法规的规定,查找证据,形成证据链,来认定是否存在违法行为。

1. 医师未经亲自诊查、调查,签署诊断、治疗、流行病学等证明文件或者有关出生、死亡等证明文件,或者隐匿、伪造或者擅自销毁医学文书及有关资料。

处理：违反《执业医师法》第二十三条，根据《执业医师法》第三十七条处理。

违反《医疗机构管理条例》第三十二条，根据《医疗机构管理条例》第四十九条、《医疗机构管理条例实施细则》第八十二条处理。

2. 乡村医生出具与执业范围无关或者超出执业范围的医学证明。

处理：违反了《乡村医生从业管理条例》第二十八条，依据《乡村医生从业管理条例》第三十八条处理。

3. 涉及计划生育和母婴保健的参见《计划生育培训网络培训教材》相关内容。

第四节　相 关 知 识

一、医疗文书

医疗文书是指医疗机构和医务人员在医疗活动过程中，依据有关法律法规和专业技术规范要求制作的反映医疗服务关系、患者健康状况和医疗措施、过程及其结果等方面信息资料的规范文件。包括住院病历、门（急）诊病历以及处方、护理文书、检查申请报告单等。

二、处方

处方是指由注册的执业医师和执业助理医师在诊疗活动中为患者开具的、由取得药学专业技术职务任职资格的药学专业技术人员审核、调配、核对，并作为患者用药凭证的医疗文书。其中所称的执业（助理）医师是指按照《中华人民共和国执业医师法》有关规定取得执业（助理）医师资格并经注册的执业（助理）医师。药学专业技术人员是指按照原卫生部《卫生技术人员职务试行条例》规定，取得药学专业技术职务任职资格的人员，包括主任药师、副主任药师、主管药师、药师、药士。

三、病历

病历是指医务人员在医疗活动过程中形成的文字、符号、图表、影像、切片等资料的总和；是医务人员诊疗过程全面、真实的书面记录。病历分为门（急）诊病历（含急诊观察病历）和住院病历，还包括临时医嘱单和长期医嘱单。

从病历转交到病案室并经病案管理人员整理后归档即为病案。

随着医学的发展，法律意识的健全，医疗分工更趋细致和完善，各医学专业相互关联，同时出现一些中间环节，形成一些临时性文件。这些临时性文件在达到具体医疗行为的目的之后就没有存在的价值，医院一般不予保留，如入院须知等。因此，不是所有医疗活动过程中形成的文字、符号、图表都归为病案，病理切片、X线片、CT片、MRI片等报告单是病历的组成部分，但申请单不是病历的组成部分，不在病历中保存。在实行电子病历后，病历切片、图像及其他影像资料图片可成为病历的组成部分。

电子病历是指医务人员在医疗活动过程中，使用医疗机构信息系统生成的文字、符号、图表、图形、数据、影像等数字化信息，并能实现存储、管理、传输和重现的医疗记录，是病历的一种记录形式。

四、医学证明

目前国家卫生计生委没有对医学证明文件有明确定义，其格式、项目亦没有明确要求。有的地方相关部门有相关规定，但是要注意其法律效力。其他的有关证明，如死亡证明、计划生育服务证等，可按各地区的要求执行。

第六章

医疗机构药品和器械临床使用监督

第一节 医疗机构使用麻醉药品和精神药品的监督

一、监督检查的主要依据

《中华人民共和国药品管理法》《麻醉药品和精神药品管理条例》《处方管理办法》《医疗质量管理办法》《医疗机构麻醉药品、第一类精神药品管理规定》《麻醉药品和精神药品品种目录》(2013 版)《卫生部关于麻精药品管理有关问题的批复》(卫医政函〔2010〕187 号)等。

二、监督检查的主要内容

(一)机构资质(印鉴卡)

1. 使用麻醉药品、第一类精神药品的医疗机构持有有效的《印鉴卡》。现场审核《印鉴卡》发放机关,医疗机构向设区的市级卫生计生行政部门申请。目前,部分省、自治区、直辖市的《印鉴卡》许可审批权限已下放至县级卫生计生行政部门。

2.《印鉴卡》是否指定专人保管。

3.《印鉴卡》有效期为 3 年,《印鉴卡》有效期满前 3 个月是否重新提出申请。

4.《印鉴卡》中医疗机构名称、地址、医疗机构负责人等项目发生变更时,查验医疗机构是否在变更发生之日起 3 日内办理变更手续。

5. 其他。

(二)人员资质

1. 现场查验麻醉药品、精神药品处方医师是否依法取得《医师资格证书》《医师执业证书》,核实医师的执业类别、执业范围和执业地点,《卫生部关于麻精药品管理有关问题的批复》(卫医政函〔2010〕187 号)答复如下:可以取得麻醉药品、精神药品处方权的执业医师类别为临床、口腔和中医。

2. 药剂人员是否依法取得《执业药师资格证书》并经登记注册或者取得药学专业技术职务任职资格。

3. 查阅医师、药剂人员麻醉药品和第一类精神药品培训考核资料、相应处方资格、调剂资格授权材料。通过相关处方(病区用药医嘱),抽查医师、药剂人员是否分别取得麻醉药品、第一类精神药品的处方资格、调剂资格。

4. 查验取得麻醉药品、第一类精神药品处方资格的执业医师名单及签名留样(专用签章),在调剂麻醉药品、第一类精神药品的药房备案情况。

5. 对取得麻醉药品、第一类精神药品处方资格的执业医师名单及变更情况,核查医疗机构是否定期报送卫生计生行政部门。

(三)储存管理

1. 查验入库验收应当采用专簿记录,内容记录是否真实、完整、规范、及时。

2. 检查药库储存麻醉药品、第一类精神药品是否保持合理库存,实行双人、双锁管理(即一人独立管理保险柜钥匙,另一人独立管理保险柜密码)。

3. 药库门窗有防盗设施,有条件的医疗机构麻醉药品、第一类精神药品药库还应当安装报警装置,建议对相关的药房、病区、手术室设置必要的防盗设施。

4. 发生麻醉药品和精神药品被盗、被抢、丢失或者其他流入非法渠道时,案发医疗机构应当立即采取必要的控制措施,同时报告所在地县级公安机关、药品监督管理部门和卫生计生行政部门。

(四)使用管理

1. 对门(急)诊癌症疼痛患者和中、重度慢性疼痛患者需长期使用麻醉药品和第一类精神药品的,抽查病历中是否留存下列材料复印件:二级以上医疗机构开具的诊断证明;患者户籍簿、身份证或者其他相关有效身份证明文件;为患者代办人员身份证明文件;患者《知情同意书》原件。

2. 检查麻醉药品、第一类精神药品处方格式是否符合要求;麻醉药品、第一类精神药品处方是否进行专册登记,保存期限为3年;麻醉药品、第一类精神药品使用剂量(一般、特殊)是否符合《处方管理办法》等规定;医疗机构抢救患者急需麻醉药品和第一类精神药品向其他医疗机构或者定点批发企业紧急借用后是否及时备案;麻醉药品、第一类精神药品处方调配、审核、核对及发药工作是否符合规定。

3. 检查医疗机构是否按规定报告麻醉药品和精神药品的进货、库存、使用数量;检查医疗机构麻醉药品、第一类精神药品处方保存期限是否为3年,第二类精神药品处方保存期限是否为2年以及具体执行情况等。

（五）监督销毁

1. 检查过期、损坏及由门诊患者退回的麻醉药品、第一类精神药品的销毁流程和要求是否执行到位，是否做到定期经医疗机构主管部门审批后由药房负责销毁时，向所在地卫生计生行政部门提出申请，在卫生计生行政部门的监督下进行销毁，并进行登记。

2. 回收的麻醉药品、第一类精神药品注射剂空安瓿（废贴）销毁时，是否有医疗机构主管部门派人监督，对销毁进行登记，并对销毁方式作出规定。

三、违法行为处理

（一）机构资质（印鉴卡）

取得印鉴卡的医疗机构未依照规定购买麻醉药品和第一类精神药品的——按照《麻醉药品和精神药品管理条例》第七十二条处理。

（二）人员资质

1. 非卫生技术人员开具麻醉药品、第一类精神药品的——对医疗机构按照《医疗机构管理条例》第四十八条、《医疗机构管理条例实施细则》第八十一条处理，对相关人员另案处理。

2. 在医疗机构安排下，未取得或被取消麻醉药品、第一类精神药品处方资格的医师开具相应处方的——对医疗机构按照《处方管理办法》第五十四条处理。

3. 未取得麻醉药品和第一类精神药品处方资格的医师擅自开具麻醉药品和第一类精神药品处方——对医师按照《麻醉药品和精神药品管理条例》第七十三条处理。

4. 使用未取得药学专业技术职务任职资格的人员从事处方调剂工作的——对医疗机构按照《处方管理办法》第五十四条处理。

（三）储存管理

1. 取得印鉴卡的医疗机构未依照规定储存、保管麻醉药品和第一类精神药品的——按照《麻醉药品和精神药品管理条例》第七十二条处理。

2. 发生麻醉药品和精神药品被盗、被抢、丢失案件的医疗机构，违反《麻醉药品和精神药品管理条例》规定未采取必要的控制措施或者未依照本条例的规定报告的——按照《麻醉药品和精神药品管理条例》第八十条处理。

（四）使用管理

1. 取得印鉴卡的医疗机构未依照规定进行处方专册登记的——按照《麻醉药品和精神药品管理条例》第七十二条处理。

2. 具有麻醉药品和第一类精神药品处方资格的执业医师，违反《麻醉药品和精神药品管理条例》规定开具麻醉药品和第一类精神药品处方，或者未按照临床应用指导原则的要求使用麻醉药品和精神药品的——对人员按照《麻醉药品和精神药品管理条例》第七十三条处理。

3．医疗机构紧急借用麻醉药品和第一类精神药品后未备案的——按照《麻醉药品和精神药品管理条例》第七十二条处理。

4．处方的调配人、核对人未对麻醉药品和第一类精神药品处方进行核对，造成严重后果的——对人员按照《麻醉药品和精神药品管理条例》第七十三条处理。

5．医疗机构未依照规定报告麻醉药品和精神药品的进货、库存、使用数量的——对机构按照《麻醉药品和精神药品管理条例》第七十三条处理。

6．取得印鉴卡的医疗机构未依照规定保存麻醉药品和精神药品专用处方的——按照《麻醉药品和精神药品管理条例》第七十二条处理。

（五）监督销毁

取得印鉴卡的医疗机构未依照规定销毁麻醉药品和精神药品的——按照《麻醉药品和精神药品管理条例》第七十二条处理。

第二节　抗菌药物临床应用的监督

一、监督检查的主要依据

《中华人民共和国药品管理法》《中华人民共和国执业医师法》《抗菌药物临床应用管理办法》《医疗质量管理办法》《抗菌药物临床应用分级管理目录》（由省级卫生计生行政部门制定）等。

二、监督检查的主要内容

（一）抗菌药物分级管理情况

1．查看抗菌药物分级管理资料、制度、文件，检查抗菌药物临床应用实行分级管理情况。

2．建立抗菌药物管理组织机构或指定专（兼）职技术人员管理，询问管理人员抗菌药物日常管理工作开展、医师抗菌药物处方权限管理、药师抗菌药物调剂资格管理等情况。

3．建立抗菌药物管理规章制度。

（二）医疗机构抗菌药物供应目录管理

1．医疗机构应当按照省级卫生计生行政部门制定的抗菌药物分级管理目录（包括采购抗菌药物的品种、品规），制定本机构抗菌药物供应目录，并向核发其《医疗机构执业许可证》的卫生计生行政部门备案。检查医疗机构抗菌药物供应目录及备案情况，核查其是否采购有未经备案的抗菌药物。

2. 医疗机构应当严格控制本机构抗菌药物供应目录的品种数量，查验医疗机构超过规定的抗菌药物品种和品规数量是否有详细说明原因和理由。抽查医疗机构同一通用名称抗菌药物品种，注射剂型和口服剂型各自是否超过2种。

3. 医疗机构确因临床工作需要，抗菌药物品种和品规数量超过规定的，应当向核发其《医疗机构执业许可证》的卫生计生行政部门详细说明原因和理由。

4. 医疗机构应当定期调整抗菌药物供应目录品种结构，并于每次调整后15个工作日内向核发其《医疗机构执业许可证》的卫生计生行政部门备案。对调整抗菌药物供应目录品种结构的，现场核查其备案的时限是否符合要求。

（三）抗菌药物处方资格、调剂资格及抗菌药物使用

1. 医师处方资格　随机抽查抗菌药物处方（病区用药医嘱），查看其开具医师是否经培训、考核合格后取得抗菌药物处方权，对照医师职称判定其是否存在医师越级开具抗菌药物的情况（见表6-1）。

表6-1　医师处方权级别

专业技术职务任职资格	经培训考核合格对应授予的抗菌药物处方权级别
高级	特殊使用级抗菌药物
中级	限制使用级抗菌药物
初级及在乡、民族乡、镇、村的医疗机构独立从事一般执业活动的执业助理医师以及乡村医生	非限制使用级抗菌药物

2. 药师调剂资格　药师经培训并考核合格后，方可获得抗菌药物调剂资格。按照相关规定审核、调剂抗菌药物处方；无私自增加抗菌药物品种或者品规的行为。抽查抗菌药物处方上调剂药师是否经培训考核合格后取得抗菌药物调剂资格。

3. 抗菌药物使用

（1）符合医疗机构已备案的用药目录，使用抗菌药物指证合理；检查医师在抗菌药物处方和药剂人员在抗菌药物处方调剂中有无其他违规行为。

（2）医疗机构应当制定并严格控制门诊患者静脉输注使用抗菌药物比例。

（3）村卫生室、诊所和社区卫生服务站使用抗菌药物开展静脉输注活动，应当经县级卫生计生行政部门核准。核查上述3类医疗机构使用抗菌药物开展静脉输注是否取得县级卫生计生行政部门核准。

三、违法行为处理

（一）抗菌药物分级管理情况

1. 未按照《抗菌药物临床应用管理办法》规定执行抗菌药物分级管理、医师抗菌药物处方权限管理、药师抗菌药物调剂资格管理或者未配备相关专业技术人员的。

2. 未建立抗菌药物管理组织机构或者未指定专（兼）职技术人员负责具体管理工作的。

3. 未建立抗菌药物管理规章制度的。

4. 抗菌药物临床应用管理混乱的。

以上均按照《抗菌药物临床应用管理办法》第四十九条处理。

（二）抗菌药物处方资格、调剂资格及抗菌药物使用

1. 使用未取得抗菌药物处方权的医师或者使用被取消抗菌药物处方权的医师开具抗菌药物处方的——对机构按照《抗菌药物临床应用管理办法》第五十条处理。

2. 调剂药师未对抗菌药物处方、医嘱实施适宜性审核，情节严重的——对机构按照《抗菌药物临床应用管理办法》第五十条处理。

3. 非药学部门从事抗菌药物购销、调剂活动的；将抗菌药物购销、临床应用情况与个人或者科室经济利益挂钩的；在抗菌药物购销、临床应用中牟取不正当利益的——均对机构按照《抗菌药物临床应用管理办法》第五十条处理。

4. 医师未按照《抗菌药物临床应用管理办法》规定开具抗菌药物处方，造成严重后果的——对医师按照《中华人民共和国执业医师法》第三十七条处理。

5. 医师使用未经国家药品监督管理部门批准的抗菌药物的——对医师按照《中华人民共和国执业医师法》第三十七条处理。

6. 医师使用本机构抗菌药物供应目录以外的品种、品规，造成严重后果的——对医师按照《中华人民共和国执业医师法》第三十七条处理。

7. 乡村医生未按照《抗菌药物临床应用管理办法》规定开具抗菌药物处方，造成严重后果的；使用未经国家药品监督管理部门批准的抗菌药物的；使用本机构抗菌药物供应目录以外的品种、品规，造成严重后果的——对乡村医生按照《乡村医生从业管理条例》第三十八条有关规定处理。

8. 药师未按照规定审核、调剂抗菌药物处方，情节严重的——按照《抗菌药物临床应用管理办法》第五十三条处理。

9. 药师未按照规定私自增加抗菌药物品种或者品规的——按照《抗菌药物临床应用管理办法》第五十三条处理。

10. 药师违反《抗菌药物临床应用管理办法》其他规定的——按照《抗菌药物临床应用管理办法》第五十三条处理。

11. 未经县级卫生计生行政部门核准,村卫生室、诊所、社区卫生服务站擅自使用抗菌药物开展静脉输注活动的——按照《抗菌药物临床应用管理办法》第五十四条处理。

第三节　医疗用毒性药品的监督

一、监督检查的主要依据

《中华人民共和国药品管理法》《医疗毒性药品管理办法》《处方管理办法》等。

二、监督检查的主要内容

1. 医疗机构供应和调配毒性药品,凭医师签名的正式处方,每次处方剂量不得超过 2 日极量。

2. 药剂人员调配处方时,必须认真负责,计量准确,按医嘱注明要求,并由配方人员及具有药师以上技术职称的复核人员签名盖章后方可发出。

3. 对处方未注明"生用"的毒性中药,应当付炮制品。如发现处方有疑问时,须经原处方医师重新审定后再行调配。处方一次有效,取药后处方保存 2 年备查。

三、违法行为处理

具体违法行为按照《处方管理办法》等法律法规处理。

第四节　医用器械的监督

一、大型医用设备使用的监督

(一)监督检查的主要依据

《医疗器械监督管理条例》《大型医用设备配置与使用管理办法》《放射诊疗管理规定》《国家卫生计生委关于发放放射诊疗许可证有关问题的批复》(国卫监督函〔2017〕6 号)等。

(二)监督检查的主要内容

2005 年,国家原卫生部、发改委、财政部为了合理配置与有效使用大型医用设备,控制卫生费用过快增长,联合下发了《大型医用设备配置与使用管理办法》,对大型医用设备的配置规划、配置审批、使用管理等作出了规定。

1. 医疗机构持有有效的《大型医用设备配置许可证》;现场查验相关大型医用设备对应的《大型医用设备配置许可证》,核对设备名称、型号、机型、生产厂家等信息。

2. 信息公示(要求在设备使用科室的明显位置,公示有关医用设备的主要信息,如:医疗器械名称、注册证号、规格、生产厂商、启用日期和设备管理人员等);逐一查看有关医用设备信息公示情况。

3. 人员资质(医师、操作人员、工程技术人员的资质;岗位培训、考核;放射工作人员职业健康体检、个人剂量监测;《大型医用设备上岗证》及相关《放射工作人员证》持证情况等);根据《工作人员花名册》《排班表》等材料,现场抽查相关技术人员学历、职称、培训考核、职业健康体检、个人剂量监测以及持证情况。

4. 场所、设施设备(放射诊疗设备管理是否符合相关法规、规章、标准、规范要求);属于放射诊疗设备的,按照《放射诊疗管理规定》和相关标准、规范要求对机房、设备定期检测等进行检查。

5. 设备使用不使用未经审批擅自购置的设备;不使用淘汰机型和不合格设备;操作规范及应用质量安全、采取有效防护等。

(三)违法行为处理

由于《大型医用设备配置与使用管理办法》属于原卫生部、发改委、财政部共同出台的规范性文件,按照《中华人民共和国行政处罚法》第十四条规定:"除本法第九条、第十条、第十一条、第十二条以及第十三条的规定外,其他规范性文件不得设立行政处罚。"换句话讲,除了法律、行政法规、地方性法规、部委规章,省、自治区、直辖市人民政府和省、自治区人民政府所在地的市人民政府以及经国务院批准的较大的市人民政府制定的规章可以依法设立行政处罚外,其他规范性文件不得设立行政处罚。鉴于以上情况,建议监督员在行政处罚过程中慎用《大型医用设备配置与使用管理办法》实施相关行政处罚。

1. 医疗机构未取得有效《大型医用设备配置许可证》,擅自购置大型医用设备的

(1)按照《大型医用设备配置与使用管理办法》第三十二条规定,由卫生计生行政部门责令其停止使用、封存设备;

(2)按照《医疗器械监督管理条例》第六十三条第三款规定,未经许可擅自配置使用大型医用设备的,由县级以上人民政府卫生计生主管部门责令停止使用,给予警告,没收违法所得;违法所得不足1万元的,并处1万元以上

5万元以下罚款；违法所得1万元以上的，并处违法所得5倍以上10倍以下罚款；情节严重的，5年内不受理相关责任人及单位提出的大型医用设备配置许可申请。

2.人员在卫生技术工作中不具备有效岗位资质的——一般按照《医疗机构管理条例》第四十八条、《医疗机构管理条例实施细则》第八十一条处理，对放射工作人员不具备相应资质的按照《放射诊疗管理规定》第三十九条处理；

由于上述行政法规、规章对人员未取得资质从事相关工作的处理已作出了明确的规定，建议对医疗机构聘用不具备资质人员操作、使用大型医用设备的行为不优先适用《大型医用设备配置与使用管理办法》第三十四条处理。

3.放射工作人员职业健康体检、个人剂量监测不符合要求的——按照《中华人民共和国职业病防治法》和《放射工作人员职业健康管理办法》相关规定处理。

4.放射工作人员未持有有效的《放射工作人员证》的——按照《放射工作人员职业健康管理办法》第三十九条处理。

5.未按规定对大型医用设备（属于放射诊疗设备的）、工作场所及防护设施进行检测和检查的——按照《放射诊疗管理规定》第四十一条处理。

6.医疗机构购置、使用淘汰机型和不合格的大型医用设备的

（1）属于放射诊疗设备的按照《放射诊疗管理规定》第四十一条处理；

（2）不属于放射诊疗设备的，按照《大型医用设备配置与使用管理办法》第三十三条规定，由卫生计生行政部门及时封存该设备，吊销其《大型医用设备配置许可证》。情节严重，造成恶劣影响的，可以责令其停业整顿；也可按照《医疗器械监督管理条例》第六十八条第九项的规定，由县级以上卫生计生主管部门依据各自职责责令改正，给予警告；拒不改正的，处5000元以上2万元以下罚款。

7.使用过程中的大型医用设备（属于放射诊疗设备的）未按照规定使用安全防护装置和个人防护用品的——按照《放射诊疗管理规定》第四十一条处理。

二、植入类医用耗材使用监督

（一）监督检查的主要依据

《医疗器械临床使用安全管理规范（试行）》《国家卫生计生委办公厅关于加强植入性医疗器械临床使用监管工作的通知》等。

（二）监督检查的主要内容

按照《医疗器械临床使用安全管理规范（试行）》《国家卫生计生委办公厅关于加强植入性医疗器械临床使用监管工作的通知》（国卫办医函〔2013〕61号）要求，各省级卫生（卫生计生）行政部门要加强监督检查，重点督导检查

植入性医疗器械采购渠道、供方资质、验收记录、入库出库登记、使用记录等。

（三）违法行为处理

检查中发现违法违规行为的，参照第四节相关内容执行。

三、其他医疗器械使用安全监督

（一）监督检查的主要依据

《医疗器械监督管理条例》《关于印发〈医疗器械临床使用安全管理规范（试行）〉的通知》（卫医管发〔2010〕4 号）等。

（二）监督检查的主要内容

按照《医疗器械监督管理条例》相关规定，同时结合 2010 年原卫生部下发的《关于印发〈医疗器械临床使用安全管理规范（试行）〉的通知》（卫医管发〔2010〕4 号）等要求，对医疗机构医疗服务中涉及的医疗器械产品安全、人员、制度、技术规范、设施、环境等的安全管理作出规定。

1. 制度和机构

（1）医疗机构应当制定医疗器械临床使用安全管理制度，建立健全本机构医疗器械临床使用安全管理体系；现场查阅医疗机构医疗器械临床使用安全管理制度、文件、工作记录等。

（2）二级以上医疗机构应当设立由院领导负责的医疗器械临床使用安全管理委员会。委员会由医疗行政、临床医学、护理、医院感染及医疗器械保障管理等相关人员组成，指导医疗器械临床安全管理和监测工作；现场询问工作人员相关制度和机构建立及具体工作的执行情况。

2. 临床准入和评价管理

（1）医疗机构应当建立医疗器械采购论证、技术评估和采购管理制度，确保采购的医疗器械符合临床需求；现场查阅医疗机构采购论证、技术评估和采购管理制度及执行情况和结果。

（2）医疗机构应当建立医疗器械供方资质审核及评价制度，依法审验生产企业和经营企业的证照；如：《医疗器械生产企业许可证》《医疗器械经营企业许可证》《医疗器械注册证》及产品合格证明等材料。根据医疗机构目前使用的医疗器械随机抽查索证情况。

（3）医疗器械的安装应当由生产厂家或者其授权的具备相关服务资质的单位或者由医疗机构医疗器械保障部门实施；尤其对特种设备的安装、存储和转运应当按照相关规定执行，医疗机构应当保存相关记录。查验医疗机构特种设备安装、存储和转运等记录。

（4）医疗机构应当建立医疗器械验收制度，验收合格后方可应用于临床；医疗机构不得使用无注册证、无合格证明以及过期、失效、存在故障或者按照国家规定在技术上淘汰的医疗器械。检查医疗机构是否存在使用无证、过期、失效或者淘汰医疗器械。

（5）医疗机构应当对医疗器械采购、评价、验收等过程中形成的报告、合同、评价记录等文件进行建档和妥善保存，保存期限为医疗器械使用寿命周期结束后5年以上。查验医疗器械相关资料的建档、保存情况。

3. 临床使用管理

（1）人员资质：相关工作的技术人员应当具备相应的专业学历、技术职称或者经过相关技术培训，并获得国家认可的执业技术水平资格；根据医疗机构医疗器械使用记录等材料，抽查相关技术人员学历、职称及培训考核等资料。

（2）培训考核：应当对医疗器械临床使用技术人员和从事医疗器械保障的医学工程技术人员建立培训、考核制度。

（3）使用管理

1）使用医疗器械应当严格遵照产品使用说明书、技术操作规范和规程，对产品禁忌证及注意事项应当严格遵守。

2）不得重复使用一次性医疗器械，用后应按要求作毁形处理；现场查验医疗机构是否存在重复使用一次性医疗器械以及使用完后是否按要求毁形。

3）按规定可以重复使用的医疗器械，应当严格按照要求清洗、消毒或者灭菌，并进行效果监测；对可重复使用的医疗器械，检查其清洗、消毒或灭菌的场所、设备、工艺流程、清洗质量、效果监测等重点环节。

4）对使用后的医用耗材等，属医疗废物的，应当按照《医疗废物管理条例》等有关规定处理；对使用后医用耗材属医疗废物的，检查医疗机构是否按照医疗废物分类收集、交接、转运、暂存等。

四、违法行为处理

1. 医疗机构（使用单位）未依照《医疗器械监督管理条例》规定建立并执行医疗器械进货查验记录制度的——按照《医疗器械监督管理条例》第六十八条处理。

2. 人员在卫生技术工作中不具备有效岗位资质的——按照《医疗机构管理条例》第四十八条和《医疗机构管理条例实施细则》第八十一条处理。

3. 未按照规定对医疗器械进行消毒，或者对按照规定一次使用的医疗器具未予销毁，再次使用的——按照《中华人民共和国传染病防治法》第六十九条处理。

4. 使用后的医用耗材等，属医疗废物未按医疗废物处理的——按照《医疗废物管理条例》等相关规定处理。

5. 医疗机构使用无产品注册证书、无合格证明、过期、失效、淘汰的医疗器械的，或者从未取得《医疗器械生产企业许可证》《医疗器械经营企业许可证》的企业购进医疗器械的——移交县级以上人民政府药品监督管理部门处理。

6. 其他。

第五节　相 关 知 识

一、药品

《中华人民共和国药品管理法》(2015年修正)第一百条规定："本法下列用语的含义是：

药品，是指用于预防、治疗、诊断人的疾病，有目的地调节人的生理功能并规定有适应证或者功能主治、用法和用量的物质，包括中药材、中药饮片、中成药、化学原料药及其制剂、抗生素、生化药品、放射性药品、血清、疫苗、血液制品和诊断药品等。"

二、麻醉药品和精神药品

《麻醉药品和精神药品管理条例》第三条规定："本条例所称麻醉药品和精神药品，是指列入麻醉药品目录、精神药品目录(以下称目录)的药品和其他物质。"目录由国务院药品监督管理部门会同国务院公安部门、国务院卫生主管部门制定、调整并公布。作为配套文件，国家药监局、公安部、原卫生部公布了《麻醉药品和精神药品品种目录》，目前更新至2013版。

三、抗菌药物

《抗菌药物临床应用管理办法》第二条规定："抗菌药物是指治疗细菌、支原体、衣原体、立克次体、螺旋体、真菌等病原微生物所致感染性疾病病原的药物，不包括治疗结核病、寄生虫病和各种病毒所致感染性疾病的药物以及具有抗菌作用的中药制剂。"

四、医用毒性药品

《医疗用毒性药品管理办法》第二条规定："医疗用毒性药品(以下简称毒性药品)，系指毒性剧烈、治疗剂量与中毒剂量相近，使用不当会致人中毒或死亡的药品。"

59

五、大型医用设备

《医疗器械监督管理条例》第七十六条规定："大型医用设备,是指使用技术复杂、资金投入量大、运行成本高、对医疗费用影响大且纳入目录管理的大型医疗器械。"

六、医疗器械

《医疗器械监督管理条例》第七十六条规定："本条例下列用语的含义:医疗器械,是指直接或者间接用于人体的仪器、设备、器具、体外诊断试剂及校准物、材料以及其他类似或者相关的物品,包括所需要的计算机软件;其效用主要通过物理等方式获得,不是通过药理学、免疫学或者代谢的方式获得,或者虽然有这些方式参与但是只起辅助作用。"

七、植入类医用耗材

目前卫生计生法律法规对植入类医用耗材尚无明确定义,一般理解是:植入类医用耗材也称植入性医疗器械,全部或部分插入人体或自然腔口中;或者为替代上表皮或眼表面用的;并且使其在体内至少存留 30 天,且只能通过内科或外科的手段取出的一类高风险医疗器械。

第七章

医疗技术监督

第一节　医疗技术监督概述

2009 年原卫生部颁布《医疗技术临床应用管理办法》要求医疗技术管理实施分类分级管理。根据安全性、有效性将医疗技术分为三类,医疗机构负责第一类医疗技术临床应用的管理;第二类和第三类医疗技术需经第三方进行应用能力审核,报属地卫生行政部门备案后,医疗机构才能临床使用。同时根据风险性和难易程度不同,将手术分为四级,医疗机构应当开展与其级别和诊疗科目相适应的手术;2012 年 8 月印发的《医疗机构手术分级管理办法(试行)》也作了同样的规定。

2015 年国家卫生计生委取消第三类医疗技术临床应用准入审批,并开展《限制临床应用的医疗技术》。对于开展《限制临床应用的医疗技术》在列医疗技术且经过原卫生部第三类医疗技术临床应用审批的医疗机构,由核发其《医疗机构执业许可证》的卫生计生行政部门在该机构《医疗机构执业许可证》副本备注栏注明,并向省级卫生计生行政部门备案。拟新开展《限制临床应用的医疗技术》在列医疗技术临床应用的医疗机构,应当按照国家卫生计生委此前下发的相关医疗技术临床应用管理规范,经自我对照评估符合所规定条件的,按照上述程序进行备案。

限制临床应用的医疗技术是指:①安全性、有效性确切,但技术难度大、风险高,对医疗机构的服务能力和人员技术水平有较高要求,需要限定条件的医疗技术,如造血干细胞移植治疗血液系统疾病技术;②存在重大伦理风险或使用稀缺资源,需要严格管理的医疗技术,如同种胰岛移植治疗糖尿病技术。医疗机构未经备案并取得同意,擅自开展第二类与限制开展的临床医疗技术的,由卫生计生行政部门按照《医疗机构管理条例》第四十七条和《医疗技术临床应用管理办法》第五十条的规定给予处罚。

第二节　医疗美容监督

一、监督检查的主要内容

（一）执业资格

1. 机构　对开展医疗美容服务的机构，检查其《医疗机构执业许可证》及核准科目、项目中是否有所开展的相关科目和项目。

2. 人员　从事医疗美容服务的主诊医师必须取得《医师执业证书》，经过主诊医师核定并在所辖区卫生计生行政部门进行备案；卫生计生行政部门收到备案信息后，应当在医疗美容主诊医师《医师执业证书》"备注"页登记核定专业，并加盖卫生计生行政部门公章。医疗美容主诊医师《医师执业证书》中原注册信息不变。不具备主诊医师条件的执业医师，应在主诊医师的指导下从事医疗美容临床技术服务工作。聘用外国医师来华行医须经许可。

（二）执业行为

检查内容主要包括核准医疗美容项目和实际开展项目是否一致；遵守医疗美容技术操作规程情况；医疗美容治疗前对患者的告知同意手续落实情况；诊疗过程中的患者隐私保护等。

二、违法行为处理

（一）未取得《医疗机构执业许可证》擅自开展医疗美容服务

1. 表现形式　未取得《医疗机构执业许可证》开展诊疗活动的（包括吊销、注销）；通过买卖、转让、租借等非法手段获得《医疗机构执业许可证》开展诊疗活动的；使用伪造、变造的《医疗机构执业许可证》开展诊疗活动的；医疗机构未经批准在登记的执业地点以外开展诊疗活动的；非本医疗机构人员或者其他机构承包、承租医疗机构科室或房屋并以该医疗机构名义开展诊疗活动的。

2. 违反条款　《医疗美容服务管理办法》第八条、第十五条、第二十三条，《医疗机构管理条例》第二十四条。

3. 处罚依据　《医疗美容服务管理办法》第二十八条，《执业医师法》第三十九条，《医疗机构管理条例》第四十四条，《医疗机构管理条例实施细则》第七十七条。

4. 处罚内容

（1）对机构处罚：责令其停止执业活动，没收非法所得和药品、器械，并处以3000元以下的罚款；有下列情形之一的，责令其停止执业活动，没收非法所得和药品、器械，并处以3000元以上10 000元以下的罚款：

1）因擅自执业曾受过卫生行政部门处罚。

2）擅自执业的人员为非卫生技术专业人员。

3）擅自执业时间在3个月以上。

4）给患者造成伤害。

5）使用假药、劣药蒙骗患者。

6）以行医为名骗取患者钱物。

7）省、自治区、直辖市卫生行政部门规定的其他情形。

（2）对个人处罚：未经批准擅自开办医疗机构行医的，由县级以上人民政府卫生行政部门予以取缔，没收其违法所得及其药品、器械，并处10万元以下的罚款；对医师吊销其执业证书；给患者造成损害的，依法承担赔偿责任；构成犯罪的，依法追究刑事责任。

（二）诊疗活动超出登记范围

1. 表现形式　医疗机构无医疗美容科目登记；擅自开展未向登记机关备案的医疗美容项目。

2. 违反条款　《医疗美容服务管理办法》第十六条，《医疗美容项目分级管理目录》，《医疗机构管理条例》第二十七条。

3. 处罚依据　《医疗美容服务管理办法》第二十八条，《医疗机构管理条例》第四十七条，《医疗机构管理条例实施细则》第八十条。

4. 处罚内容　除急诊和急救外，医疗机构诊疗活动超出登记的诊疗科目范围，情节轻微的，处以警告；有下列情形之一的：

（1）超出登记的诊疗科目范围的诊疗活动累计收入在3000元以下。

（2）给患者造成伤害。

责令其限期改正，并可处以3000元以下罚款。有下列情形之一的。

（1）超出登记的诊疗科目范围的诊疗活动累计收入在3000元以上。

（2）给患者造成伤害。

（3）省、自治区、直辖市卫生行政部门规定的其他情形。处以3000元罚款，并吊销《医疗机构执业许可证》。

（三）使用非卫生技术人员从事医疗卫生技术工作

1. 表现形式　使用了未按照国家有关法律、法规和规章的规定，达到一定条件，取得相应资质或证书后，从事相关诊疗活动的专业技术人员；任用无卫生技术资格和技术职称的人员；任用未经注册登记的卫生技术人员；任用卫生技术人员从事本专业以外的诊疗活动;未经批准私自带徒从事诊疗活动。

2. 违反条款　《医疗机构管理条例》第二十八条。

3. 处罚依据　《医疗机构管理条例》第四十八条,《医疗机构管理条例实施细则》第八十一条。

4. 处罚内容　医疗机构使用非卫生技术人员从事医疗卫生技术工作的,由县级以上人民政府卫生行政部门责令其立即改正,并可处以3000元以下罚款;有任用2名以上非卫生技术人员从事诊疗活动或任用的非卫生技术人员给患者造成伤害等情形之一的,处以3000元以上5000元以下罚款,并可以吊销其《医疗机构执业许可证》。

(四)未经许可擅自聘用外国医师来华行医

1. 表现形式　聘用未取得《外国医师短期行医许可证》的外国医师从事诊疗活动。

2. 违反条款　《外国医师来华短期行医暂行管理办法》第三条。

3. 处罚依据　《外国医师来华短期行医暂行管理办法》第十五条。

4. 处罚内容　由所在地设区的市级以上卫生行政部门予以取缔,没收非法所得,并处以10 000元以下罚款;对邀请、聘用或提供场所的单位,处以警告,没收非法所得,并处以5000元以下罚款。

(五)对未备案或超出备案范围的处理

在检查中,发现医疗机构未按照要求进行管理、违规核定、备案医疗美容主诊医师信息的,应发出《监督意见书》要求立即改正,并予以通报批评。情节严重的,可按《执业医师法》第三十七条处理。

第三节　人体器官移植的监督

一、监督检查的主要内容

(一)器官移植机构及人员资质

1. 医疗机构开展人体器官移植应经省级卫生计生行政部门批准,报国家卫生计生行政部门审核,并办理诊疗科目登记。

2. 器官移植医师应具备经省级卫生计生行政部门批准从事人体器官移植技术资格。

3. 未经批准从事人体器官移植应符合《人体器官移植技术临床应用管理暂行规定》第十七条情形。

(二)活体人体器官移植

1. 器官捐献者与接受人合法性。捐献人应当年满18周岁且具有完全民事行为能力。捐献人与接受人限于：

（1）配偶：仅限于结婚 3 年以上或者婚后已育有子女的；

（2）直系血亲或者三代以内旁系血亲；

（3）因帮扶等形成亲情关系：仅限于养父母和养子女之间的关系、继父母与继子女之间的关系。

2. 应履行说明、查验、确认义务。一是说明义务。说明活体器官摘取手术的风险、术后注意事项、可能的并发症及其预防措施等，并与活体器官捐献人签署知情同意书。二是查验义务。查验活体器官捐献人同意捐献其器官的书面意愿、活体器官捐献人与接受人之间三类合法关系证明材料。捐献人和接受人、利益相关人（捐献人父母、成年子女、配偶等）共同签署自愿、无偿的书面意愿和接受人的同意接受的书面意见；户籍公安机关出具的证件（身份证明、二代身份证、户口本）、证明（捐献人与接受人亲属关系；属配偶的则提供结婚证原件和已育子女证明）；省内规定的其他材料，如 DNA 鉴定结论等。从事活体器官移植的医疗机构应当配备身份证鉴别仪器，留存证明材料原件和复印件备查。三是确认义务。确认除摘取器官产生的直接后果外不会损害活体器官捐献人其他正常的生理功能。

3. 移植医师提出移植申请，经伦理委员会审查，2/3 以上委员同意，出具书面审查意见。

4. 报请省级批复同意后实施。

5. 完成活体器官移植后，医师应于 72 小时内向伦理委员会提交手术报告；向移植数据中心上报数据。

（三）人体器官（尸体）捐献、分配、获取工作

1. 人体器官的获取与分配应遵循《人体捐献器官获取与分配管理规定（试行）》要求。

2. 要建立 OPO 组织，设置人体器官捐献协调员。

3. 器官捐献协调员要具有合法的医师、护士资格，经过培训。

4. 通过官网注册等。

5. 在省级划定的服务范围开展工作。

6. 依法判定捐献人死亡后，依法依程序摘取捐献的器官，并对尸体作医学伦理学处理。禁止移植医师参与捐献人死亡的判定工作。

7. 器官捐献、等待移植者、移植治疗者等相关信息要录入国家人体器官获取分配系统。

（四）人体器官移植技术管理规范落实情况

1. 移植条件是否发生《人体器官移植条例》第十一条规定的情形。

2. 遵循人体器官移植技术管理规范。《关于印发肝、肾脏、心脏、肺脏移

植技术管理规范》明确了医疗机构及其医师的基本要求、人员的基本要求、技术管理方面的基本要求等。需强调，在医学检验科下应设置临床细胞分子及遗传学专业。开展基因检测时，还应具备临床基因扩增技术。能开展组织配型、群体反应（PRA）抗体检测，以及免疫抑制剂血液浓度监测。

3. 有无外国人旅游及港、澳、台居民移植的情形，是否有器官移植医疗广告。

（五）人体器官移植信息与报告情况

医疗机构应当定期将实施人体器官移植的情况向所在地省、自治区、直辖市人民政府卫生主管部门报告。《关于加强人体器官移植数据网络直报管理的通知》要求建立移植数据网络直报系统，实行"强制上报、统一规范、分级负责、统一管理"原则。报告时限为每例人体器官移植手术后72小时内（随访后72小时内）。

（六）器官移植收费问题

1. 摘取和植入人体器官的手术费。

2. 保存和运送人体器官的费用。

3. 摘取、植入人体器官所发生的药费、检验费、医用耗材费等。收费标准应由价格主管部门负责制定。

二、违法行为处理

（一）器官移植机构及人员资质

1. 擅自开展人体器官移植的，按《人体器官移植条例》第四十七条第一款，依照《医疗机构管理条例》规定处罚。

2. 不具备《人体器官移植技术临床应用管理暂行规定》第十七条规定的情形按上述原则处理。

3. 医师、护士及相关医务人员违反《人体器官移植条例》规定，可依照《医疗事故处理条例》处理；对医师、护士也可分别按照《中华人民共和国执业医师法》《护士条例》处理。

4. 未取得《医疗机构执业许可证》，摘取人体器官的，可能承担刑事责任。如非法行医罪，医疗事故罪，《刑法》（修正案八、九）规定的买卖人体器官罪，故意伤害罪，盗窃、侮辱、故意毁坏尸体、尸骨、骨灰罪等。

（二）活体人体器官移植

1. 医疗机构下列行为按照《人体器官移植条例》第二十八条、第二十九条的规定处理。

（1）摘取活体器官前未按经伦理委员会审查同意并出具同意摘取活体器官书面意见的。

（2）摘取活体器官前未按要求履行查验、评估、说明、确认义务的。

（3）胁迫医务人员违反规定摘取人体器官的。

2. 医疗机构未定期将实施人体器官移植的情况向所在省级卫生计生行政部门报告的按第二十九条第二款进行处理。

3. 医务人员有下情形的，按第二十八条处理。

（1）未按经人体器官移植技术临床应用与伦理委员会审查同意并出具同意摘取活体器官的。

（2）摘取活体器官前未按要求履行查验、评估、说明、确认义务的。

4. 医务人员摘取未满18周岁公民活体器官用于移植的；未经公民本人同意摘取其活体器官的，涉嫌医疗事故罪或《刑法》（修正案八）规定的涉嫌故意伤害罪。医师、护士可分别吊销《医师执业证书》《护士执业证书》。

5. 从事买卖活体器官或者从事与买卖活体器官有关活动的（医务人员、相关人员），按《条例》第二十六条处理。

（三）人体器官（尸体）捐献、分配、获取工作

1. 从事人体器官移植的医务人员参与尸体器官捐献人的死亡判定的，按《条例》第三十条处理。

2. 违背公民生前意愿获取其尸体器官，或者公民生前未表示同意，违背其近亲属意愿获取其尸体器官的；涉嫌犯罪，在做好行政调查处理的同时，加强与公安机关沟通，涉嫌《刑法》（修正案九）第三十四条。

3. 医务人员未能对尸体进行符合医学伦理学原则的医学处理，未能完成恢复原貌工作的，按《条例》第二十八条处理。

4. 向指定的OPO以外的机构、组织和个人转介潜在捐献人的，参照《人体器官移植条例》第二十七条第三款处理；泄露人体器官捐献人、接受人或者申请人体器官移植手术患者个人资料的行为，按照《执业医师法》第三十七条或者对护士按《护士条例》处理。

5. 未建立、未录入患者等待移植排队信息系统，未执行器官分配结果的，责令改正，下达监督意见。

6. 未报送移植数据、不配合移植数据核查的，由省级责令改正，实行"一票否决"，暂停直至注销器官移植诊疗科目，追究负责人和相关人员责任。

7. 泄露移植信息，伪造医学数据，骗取捐献器官的，按《医疗机构管理条例》四十九条处理；对医师可按《执业医师法》第三十七条处理。

8. 有涉嫌买卖捐献器官或者从事与买卖捐献器官有关活动的；按照《条例》第二十六条处理。涉嫌犯罪或共犯犯罪，需移交或配合公安机关依法查处。

（四）人体器官移植技术管理规范落实情况

1. 不具备许可条件的，按《条例》第二十九条第（一）项处理。

2. 不符合器官移植技术规范基本要求的，根据具体情形按《医疗机构管

理条例》等处理。

3. 移植医疗机构及医务人员不遵守移植技术规范,应下达监督意见书或参照《医疗事故处理条例》处理。

4. 未核对人体器官移植接受人身份,擅自对境外人员(外国人、港澳台等)进行移植治疗的,撤销人体器官移植诊疗科目登记。

(五)人体器官移植信息与报告情况

依据《人体器官移植条例》第二十九条和《关于进一步加强人体器官移植监管工作的通知》"一票否决"的处理。

(六)器官移植收费问题

1. 有关收费标准等由物价部门负责。

2. 卫生计生部门是行业管理部门。

3. 医院应遵循收费标准,遵守财务制度。

第四节　干细胞临床研究与应用的监督

一、监督检查的主要内容

(一)开展干细胞临床研究的机构及人员资格

1. 开展干细胞临床研究的机构是否持有有效《医疗机构执业许可证》。

2. 医疗机构开展干细胞临床研究是否经过国家卫生计生委与国家食品药品监管总局备案。

3. 开展干细胞临床研究人员是否是卫生技术人员;主要研究人员是否经过药物临床试验质量管理规范(GCP)培训,并获得相应资质。

(二)开展干细胞临床研究履行告知义务

干细胞临床研究人员是否用通俗、清晰、准确的语言告知供者和受试者所参与的干细胞临床研究的目的、意义和内容,预期受益和潜在的风险,供者或受试者是否在自愿原则下签署知情同意书。

(三)干细胞临床研究收费及发布广告问题

1. 机构是否向受试者收取干细胞临床研究相关费用。

2. 机构是否发布或变相发布干细胞临床研究广告。

(四)开展干细胞临床应用的机构及人员资格

1. 开展干细胞临床应用的机构是否持有有效《医疗机构执业许可证》。

2. 医疗机构开展造血干细胞(包括脐带血造血干细胞)移植治疗血液系统疾病技术是否经过卫生行政部门备案。

3. 开展干细胞临床研究的机构和人员是否违反规定直接进入临床应用。

4. 从事造血干细胞临床移植技术人员是否符合要求：

（1）医师：至少配备 3 名内科执业医师，经过原卫生部认定的造血干细胞移植培训基地系统培训并考核合格，负责造血干细胞移植工作的医师还应当有高级专业技术职务任职资格，有 10 年以上血液内科工作经验、参与血液造血干细胞移植工作 5 年以上，有造血干细胞移植合并症的诊断和处理能力。

（2）护士：经过原卫生部认定的造血干细胞移植培训基地系统培训并考核合格的执业护士。造血干细胞移植护理工作负责人还应当有 3 年以上造血干细胞移植患者护理经验。

5. 医务人员开展干细胞临床应用，是否经医疗机构批准。

（五）已经备案的医疗机构的基本条件

已经备案的医疗机构该项医疗技术有关的专业技术人员或者设备、设施、辅助条件发生变化、不能正常临床应用的，应立即停止该项医疗技术的临床应用，并向核发其《医疗机构执业许可证》的卫生行政部门报告并已注销相应诊疗科目项下的相应医疗技术登记。

二、违法行为处理

（一）开展干细胞临床研究的机构及人员资格

1. 未取得《医疗机构执业许可证》开展干细胞临床研究的，按照《医疗机构管理条例》第四十四条进行处罚。

2. 医疗机构未经干细胞临床研究备案擅自开展干细胞临床研究的，违反了《干细胞临床研究管理办法（试行）》第十五条，按照《干细胞临床研究管理办法（试行）》第五十二条、《医疗技术临床应用管理办法》第四十八条、《医疗机构管理条例》第四十七条进行处罚。

3. 已经备案的医疗机构使用非卫生技术人员开展干细胞临床研究的，按照《医疗机构管理条例》第四十八条进行处罚。

4. 医师不具备相应上岗资质或擅自开展干细胞临床研究和应用的，违反了《执业医师法》第二十六条第二款，按照《执业医师法》第三十七条第（一）项、第（八）项进行处罚。

（二）开展干细胞临床研究履行告知义务

干细胞临床研究人员未履行告知患者的义务的，按照《干细胞临床研究管理办法（试行）》第五十条第（三）项处理。

（三）干细胞临床研究收费及发布广告问题

1. 向受试者收取研究相关费用，按照《干细胞临床研究管理办法（试行）》第五十条第（四）项处理。

2. 非法进行干细胞治疗的广告宣传等商业运作,按照《干细胞临床研究管理办法(试行)》第五十条第(五)项处理。

(四)开展干细胞临床应用的机构及人员资格

1. 未取得《医疗机构执业许可证》开展干细胞临床应用的,按照《医疗机构管理条例》第四十四条处理。

2. 医疗机构未经备案擅自开展造血干细胞移植技术的,按照《医疗技术临床应用管理办法》第四十八条、《医疗机构管理条例》第四十七条处理。

3. 开展干细胞临床研究的机构和人员违反规定直接进入临床应用的,按照《干细胞临床研究管理办法(试行)》第五十二条、《医疗技术临床应用管理办法》第四十八条、《医疗机构管理条例》第四十七条处理。

4. 医疗机构开展禁止应用的干细胞临床应用技术的,按照《医疗机构管理条例》第四十七条、《医疗技术临床应用管理办法》第五十条处理。

5. 未取得医师执业资格开展干细胞应用技术的,按照《执业医师法》第三十九条进行处罚。

6. 医师未经过原卫生部认定的造血干细胞移植培训基地系统培训并考核合格的,违反了《执业医师法》第二十二条第(一)项,依据《执业医师法》第三十七条第(一)项处罚。

7. 护士未经过原卫生部认定的造血干细胞移植培训基地系统培训并考核合格的,违反了《护士条例》第十六条,下达卫生监督意见书。

8. 已经备案的医疗机构使用非卫生技术人员开展干细胞临床应用的,按照《医疗机构管理条例》第四十八条进行处罚。

9. 未经医疗机构批准,医务人员擅自临床应用干细胞医疗技术的,按照《医疗技术临床应用管理办法》第五十一条处理。

(五)已经备案的医疗机构的基本条件

已经备案的医疗机构该项医疗技术有关的专业技术人员或者设备、设施、辅助条件发生变化、不能正常临床应用的,未立即停止该项医疗技术的临床应用,且未向核发其《医疗机构执业许可证》的卫生行政部门报告的,违反了《医疗技术临床应用管理办法》第四十一条,按照《医疗技术临床应用管理办法》第四十七条、第五十条第(五)项处理。

第五节　临床基因扩增检验的监督

临床基因扩增检验技术是指通过扩增检测特定的 DNA 或 RNA,进行疾病诊断、治疗监测和预后判定等的技术。医疗机构应当集中设置,统一管理。省(直辖市、自治区)级卫生行政部门负责所辖行政区域内医疗机构临床基因扩增检验实验室的监督管理工作。以科研为目的的基因扩增检验项目不得向临床出具检验报告,不得向患者收取任何费用。

一、监督检查的主要内容

1. 是否经准入开展临床基因扩增检验技术。
2. 经准入的相关技术是否在核准的诊疗科目内开展。
3. 是否超出核准的范围开展相关医疗技术。
4. 从事相关技术的人员资质是否符合要求。
5. 是否建立并落实相关规章制度。

二、违法行为处理

(一)对于擅自开展临床基因检验项目的医疗机构,由省级卫生行政部门依据《医疗机构管理条例》第四十七条和《医疗机构管理条例实施细则》第八十条处罚,并予以公告。公告所需费用由被公告医疗机构支付。

(二)省级以上卫生行政部门指定机构对室间质量评价不合格的医疗机构临床基因扩增检验实验室提出警告。对于连续 2 次或者 3 次中有 2 次发现临床基因扩增检验结果不合格的医疗机构临床基因扩增检验实验室,省级卫生行政部门应当责令其暂停有关临床基因扩增检验项目,限期整改。整改结束后,经指定机构组织的再次技术审核合格后,方可重新开展临床基因扩增检验项目。

(三)医疗机构临床基因扩增检验实验室出现以下情形之一的,由省级卫生行政部门责令其停止开展临床基因扩增检验项目,并予以公告,公告所需费用由被公告医疗机构支付:

1. 开展的临床基因扩增检验项目超出省级卫生行政部门核定范围的。
2. 使用未经国家食品药品监督管理局批准的临床检验试剂开展临床基因扩增检验的。
3. 在临床基因扩增检验中未开展实验室室内质量控制的。
4. 在临床基因扩增检验中未参加实验室室间质量评价的。
5. 在临床基因扩增检验中弄虚作假的。
6. 以科研为目的的基因扩增检验项目向患者收取费用的。
7. 使用未经培训合格的专业技术人员从事临床基因扩增检验工作的。
8. 严重违反国家实验室生物安全有关规定或不具备实验室生物安全保障条件的。

第六节 相 关 知 识

一、医疗技术

医疗技术是指医疗机构及其医务人员以诊断和治疗为目的,对疾病作出判断和消除疾病、缓解病情、减轻痛苦、改善功能、延长生命、帮助患者恢复健康而采取的诊断、治疗措施。

专项诊疗技术是指有关法律、法规及部门规章专门规范的诊疗技术,包括医疗美容技术、人体器官移植技术、干细胞临床应用技术、临床基因扩增检验技术等,其特点是有一定的技术准入要求和严格的操作规程、规范,日常监督也应从这2个方面入手。

二、限制性医疗技术

限制性医疗技术分2类,一是安全性、有效性确切,但是技术难度大、风险高,对医疗机构的服务能力和人员技术水平有较高要求,需要限定条件的医疗技术。如:造血干细胞移植治疗血液系统疾病技术,质子、重离子加速器放射治疗技术。二是存在重大伦理风险或使用稀缺资源,需要严格管理的医疗技术。如:同种胰岛移植治疗糖尿病技术,同种异体组织移植治疗技术等。

三、医疗美容

医疗美容,是指运用手术、药物、医疗器械以及其他具有创伤性或者侵入性的医学技术方法对人的容貌和人体各部位形态进行的修复与再塑。

四、人体器官移植

1. 器官移植 是指将健康器官移植到另一个个体内,并使之迅速恢复功能的手术。

《人体器官移植条例》规定:人体器官移植,是指摘取人体器官捐献人具有特定功能的心脏、肺脏、肝脏、肾脏或者胰腺等器官的全部或者部分,将其植入接受人身体以代替其病损器官的过程。

2. 器官移植的分类 根据器官移植不同的分类原则,可有多种分类方式。

根据供体和受体不同可分为3类:异体移植;自体移植;再移植。根据供体和受体遗传关系的差异可分为:同质移植;同种异体移植;异种移植。根据移植物类型可分为:细胞移植;组织移植;器官移植。根据器官的来源可分为：活体器官移植；尸体器官移植；人造器官移植。另外，还有根据临床移植技术上的部位和方法等进行的医学分类。

五、干细胞

1. 干细胞　干细胞是一种有多向分化潜能的细胞，具有再生各种组织器官的潜在功能。

2. 造血干细胞　造血干细胞是血液系统中的成体干细胞，是一个异质性的群体，具有长期自我更新的能力和分化成各类成熟血细胞的潜能。它是研究历史最长且最为深入的一类成体干细胞，对研究各类干细胞，包括肿瘤干细胞，具有重要指导意义。

3. 干细胞治疗技术　干细胞治疗技术，是指应用人自体或异体来源的干细胞经体外操作后输入（或植入）人体，用于疾病治疗的过程。这种体外操作包括干细胞的分离、纯化、扩增、修饰、干细胞（系）的建立、诱导分化、冻存和冻存后的复苏等过程。但不包括基因水平的操作。

4. 干细胞临床研究　干细胞临床研究是指应用人自体或异体来源的干细胞经体外操作后输入（或植入）人体，用于疾病预防或治疗的临床研究。

六、临床基因扩增检验

临床基因扩增检验技术是通过扩增检测特定的 DNA 或 RNA，进行疾病诊断、治疗监测和预后判定。监管依据为 2010 年原卫生部制定的《医疗机构临床基因扩增管理办法》和 2011 年原卫生部制定的《医疗机构临床基因扩增检验实验室管理办法》。

第八章

精神卫生监督

第一节　监督检查的主要内容

一、对医疗机构资质的监督

人员、设施及制度的监督(精神科基本标准)包括：

1. 医疗机构应配备相适应的精神科医师。

2. 有满足开展精神障碍诊断、治疗需要的设施和设备。

3. 建立相应的管理制度和治疗监控制度。

《中华人民共和国精神卫生法》(以下简称《精神卫生法》)第二十五条：开展精神障碍诊断、治疗活动,应当具备下列条件,并依照医疗机构的管理规定办理有关手续：(一)有与从事的精神障碍诊断、治疗相适应的精神科执业医师、护士;(二)有满足开展精神障碍诊断、治疗需要的设施和设备;(三)有完善的精神障碍诊断、治疗管理制度和质量监控制度。

从事精神障碍诊断、治疗的专科医疗机构还应当配备从事心理治疗的人员。配备有精神科专业医师和执业护士。

《精神卫生法》第三十八条：医疗机构应当配备适宜的设施、设备,保护就诊和住院治疗的精神障碍患者的人身安全,防止其受到伤害,并为住院患者创造尽可能接近正常生活的环境和条件。

二、对医疗机构行为的监督

1. 接诊诊断　医疗机构接到送诊的疑似精神障碍患者,不得拒绝为其作出诊断。《精神卫生法》第二十八条第三款：医疗机构接到送诊的疑似精神障碍患者,不得拒绝为其作出诊断。

《精神卫生法》第二十九条：精神障碍的诊断应当由精神科执业医师作出。医疗机构接到依照本法第二十八条第二款规定送诊的疑似精神障碍患者,应当将其留院,立即指派精神科执业医师进行诊断,并及时出具诊断结论。

2. 住院治疗　精神障碍的住院治疗实行自愿原则。严重精神障碍患者应当住院治疗。《精神卫生法》第三十条:精神障碍的住院治疗实行自愿原则。

诊断结论、病情评估表明,就诊者为严重精神障碍患者并有下列情形之一的,应当对其实施住院治疗:(一)已经发生伤害自身的行为,或者有伤害自身的危险的;(二)已经发生危害他人安全的行为,或者有危害他人安全的危险的。

3. 告知义务　医疗机构的告知义务有:

《精神卫生法》第三十七条:医疗机构及其医务人员应当将精神障碍患者在诊断、治疗过程中享有的权利,告知患者或者其监护人。

《精神卫生法》第三十九条:医疗机构及其医务人员应当遵循精神障碍诊断标准和治疗规范,制定治疗方案,并向精神障碍患者或者其监护人告知治疗方案和治疗方法、目的以及可能产生的后果。

《精神卫生法》第四十三条:医疗机构对精神障碍患者实施下列治疗措施,应当向患者或者其监护人告知医疗风险、替代医疗方案等情况,并取得患者的书面同意;无法取得患者意见的,应当取得其监护人的书面同意,并经本医疗机构伦理委员会批准:(一)导致人体器官丧失功能的外科手术;(二)与精神障碍治疗有关的实验性临床医疗。

第二节　行为规范的监督

1. 实施约束、隔离等保护性医疗措施必须规范。《精神卫生法》第四十条:精神障碍患者在医疗机构内发生或者将要发生伤害自身、危害他人安全、扰乱医疗秩序的行为,医疗机构及其医务人员在没有其他可替代措施的情况下,可以实施约束、隔离等保护性医疗措施。实施保护性医疗措施应当遵循诊断标准和治疗规范,并在实施后告知患者的监护人。

2. 禁止利用约束、隔离等保护性医疗措施惩罚精神障碍患者。《精神卫生法》第四十一条第二款:医疗机构不得强迫精神障碍患者从事生产劳动。

3. 禁止实施以治疗精神障碍为目的的外科手术。《精神卫生法》第四十二条:禁止对依照本法第三十条第二款规定实施住院治疗的精神障碍患者实施以治疗精神障碍为目的的外科手术。

4. 禁止对患者实施与治疗其精神障碍无关的实验性临床医疗。《精神卫生法》第四十三条第三款:禁止对精神障碍患者实施与治疗其精神障碍无关的实验性临床医疗。

5. 医疗机构及其医务人员应当遵循精神障碍诊断标准和治疗规范。《精神卫生法》第三十九条：医疗机构及其医务人员应当遵循精神障碍诊断标准和治疗规范，制定治疗方案。

6. 病历管理。病历书写符合规范。《精神卫生法》第四十七条：医疗机构及其医务人员应当在病历资料中如实记录精神障碍患者的病情、治疗措施、用药情况、实施约束、隔离措施等内容，并如实告知患者或者其监护人。患者及其监护人可以查阅、复制病历资料；但是，患者查阅、复制病历资料可能对其治疗产生不利影响的除外。病历资料保存期限不得少于 30 年。

第三节　违法行为的处理

1. 违反基本配置条件的。依据《精神卫生法》第七十三条规定，不符合本法规定条件的医疗机构擅自从事精神障碍诊断、治疗的，由县级以上人民政府卫生行政部门责令停止相关诊疗活动，给予警告，并处 5000 元以上 1 万元以下罚款，有违法所得的，没收违法所得；对直接负责的主管人员和其他直接责任人员依法给予或者责令给予降低岗位等级或者撤职、开除的处分；对有关医务人员，吊销其执业证书。

2. 违反接诊诊断和违反住院治疗的。依据《精神卫生法》第七十四条第一项规定，医疗机构及其工作人员有下列行为之一的，由县级以上人民政府卫生行政部门责令改正，给予警告；情节严重的，对直接负责的主管人员和其他直接责任人员依法给予或者责令给予降低岗位等级或者撤职、开除的处分，并可以责令有关医务人员暂停 1 个月以上 6 个月以下执业活动：(一)拒绝对送诊的疑似精神障碍患者作出诊断的；(二)对依照本法第三十条第二款规定实施住院治疗的患者未及时进行检查评估或者未根据评估结果作出处理的。

3. 违反行为规范的。依据《精神卫生法》第七十五条规定，医疗机构及其工作人员有下列行为之一的，由县级以上人民政府卫生行政部门责令改正，对直接负责的主管人员和其他直接责任人员依法给予或者责令给予降低岗位等级或者撤职的处分；对有关医务人员，暂停 6 个月以上 1 年以下执业活动；情节严重的，给予或者责令给予开除的处分，并吊销有关医务人员的执业证书：(一)违反本法规定实施约束、隔离等保护性医疗措施的；(二)违反本法规定，强迫精神障碍患者劳动的；(三)违反本法规定对精神障碍患者实施外科手术或者实验性临床医疗的；(四)违反本法规定，侵害精神障碍患者的通讯和会见探访者等权利的；(五)违反精神障碍诊断标准，将非精神障碍患者诊断为精神障碍患者的。

4. 违反病历书写规定。按病历书写处理。

5. 违反心理咨询的。依据《精神卫生法》第七十六条规定，有下列情形之一的,由县级以上人民政府卫生行政部门、工商行政管理部门依据各自职责责令改正,给予警告,并处 5000 元以上 1 万元以下罚款,有违法所得的,没收违法所得;造成严重后果的,责令暂停 6 个月以上 1 年以下执业活动,直至吊销执业证书或者营业执照:(一)心理咨询人员从事心理治疗或者精神障碍的诊断、治疗的;(二)从事心理治疗的人员在医疗机构以外开展心理治疗活动的;(三)专门从事心理治疗的人员从事精神障碍的诊断的;(四)专门从事心理治疗的人员为精神障碍患者开具处方或者提供外科治疗的。心理咨询人员、专门从事心理治疗的人员在心理咨询、心理治疗活动中造成他人人身、财产或者其他损害的,依法承担民事责任。

第四节　相 关 知 识

1. 精神障碍　是指由各种原因引起的感知、情感和思维等精神活动的紊乱或者异常,导致患者明显的心理痛苦或者社会适应等功能损害。

2. 严重精神障碍　是指疾病症状严重,导致患者社会适应等功能严重损害、对自身健康状况或者客观现实不能完整认识,或者不能处理自身事务的精神障碍。

3. 精神障碍患者的监护　是指依照民法通则的有关规定可以担任监护人的人。

4. 心理咨询人员工作基本要求　心理咨询人员不得从事心理治疗或者精神障碍的诊断、治疗;新发现接受咨询的人员可能患有精神障碍的,应当建议其到符合本法规定的医疗机构就诊;心理咨询人员应当尊重接受咨询人员的隐私,并为其保守秘密。

5. 心理治疗师工作基本要求　心理治疗活动应当在医疗机构内开展。专门从事心理治疗的人员不得从事精神障碍的诊断,不得为精神障碍患者开具处方或者提供外科治疗。心理治疗的技术规范由国务院卫生行政部门制定。

第九章
医疗质量管理监督

第一节　医疗质量管理概述

一、医疗质量管理的重要性

医疗质量直接关系到人民群众的健康权益和对医疗服务的切身感受。持续改进质量,保障医疗安全,是卫生事业改革和发展的重要内容和基础,对当前构建分级诊疗体系等改革措施的落实和医改目标的实现具有重要意义。党中央、国务院领导高度重视医疗质量管理。2016 年 8 月 19~20 日,全国卫生与健康大会上,习近平总书记强调,要坚持基本医疗卫生事业的公益性,不断完善制度、扩展服务、提高质量。要坚持提高医疗卫生服务质量和水平,让全体人民公平获得。2016 年全国卫生计生工作会议,李克强总理批示,进一步提升医疗服务质量和公共卫生服务均等化水平,为推进健康中国建设做出更大贡献。2016 年 1 月召开的卫生计生和医改工作座谈会上,刘延东副总理强调不断提升医疗服务质量。

多年来,在党中央、国务院的坚强领导下,在各级卫生计生行政部门和医疗机构的共同努力下,我国医疗质量和医疗安全水平呈现逐年稳步提升的态势。但是,医疗质量管理工作作为一项长期工作任务,需要从制度层面进一步加强保障和约束,实现全行业的统一管理和战线全覆盖。

二、《医疗质量管理办法》主要内容

为进一步规范医疗服务行为,更好地维护人民群众健康权益,保障医疗质量和医疗安全,国家卫生计生委 2016 年 7 月制定颁布《医疗质量管理办法》(国家卫生计生委令第 10 号,以下简称《办法》),自 2016 年 11 月 1 日起施行。《办法》旨在通过顶层制度设计,进一步建立完善医疗质量管理长效工作机制,创新医疗质量持续改进方法,充分发挥信息化管理的积极作用,不断提升

医疗质量管理的科学化、精细化水平,提高不同地区、不同层级、不同类别医疗机构间医疗服务同质化程度,更好地保障广大人民群众的身体健康和生命安全。

《办法》共分8章48条。在高度凝练总结我国改革开放以来医疗质量管理工作经验的基础上,充分借鉴国际先进做法,重点进行了以下制度设计:

(一)建立国家医疗质量管理相关制度

一是建立国家医疗质量管理与控制制度。确定各级卫生计生行政部门依托专业组织开展医疗质量管控的工作机制,充分发挥信息化手段在医疗质量管理领域的重要作用。二是建立医疗机构医疗质量管理评估制度。完善评估机制和方法,将医疗质量管理情况纳入医疗机构考核指标体系。三是建立医疗机构医疗安全与风险管理制度。鼓励医疗机构和医务人员主动上报医疗质量(安全)不良事件,促进信息共享和持续改进。四是建立医疗质量安全核心制度体系。总结提炼了18项医疗质量安全核心制度,要求医疗机构及其医务人员在临床诊疗工作中严格执行。

(二)明确医疗质量管理的责任主体、组织形式、工作机制和重点环节

明确医疗机构是医疗质量的责任主体,医疗机构主要负责人是医疗质量管理第一责任人。要求医疗机构医疗质量管理实行院、科两级责任制,理顺工作机制。对门诊、急诊、药学、医技等重点部门和医疗技术、医院感染等重点环节的医疗质量管理提出明确要求。

(三)强化监督管理和法律责任

进一步明确各级卫生计生行政部门的医疗质量监管责任,提出医疗质量信息化监管的机制与方法。同时,在鼓励地方建立医疗质量管理激励机制的前提下,明确了医疗机构及其医务人员涉及医疗质量问题的法律责任。

第二节　医疗质量管理职责分工

一、医疗机构主体职责

《办法》第四条规定,医疗质量管理是医疗管理的核心,各级各类医疗机构是医疗质量管理的第一责任主体,应当全面加强医疗质量管理,持续改进医疗质量,保障医疗安全。

医疗机构医疗质量管理实行院、科两级责任制。医疗机构主要负责人是本机构医疗质量管理的第一责任人。临床科室以及药学、护理、医技等部门(以下称业务科室)主要负责人是本科室医疗质量管理的第一责任人。

医疗机构应当成立医疗质量管理专门部门,负责本机构的医疗质量管理

工作。二级以上的医院、妇幼保健院以及专科疾病防治机构(以下称二级以上医院)应当设立医疗质量管理委员会。医疗质量管理委员会主任由医疗机构主要负责人担任,委员由医疗管理、质量控制、护理、医院感染管理、医学工程、信息、后勤等相关职能部门负责人以及相关临床、药学、医技等科室负责人组成,指定或者成立专门部门具体负责日常管理工作。其他医疗机构应当设立医疗质量管理工作小组或者指定专(兼)职人员,负责医疗质量具体管理工作。

医疗机构医疗质量管理委员会的主要职责是:按照国家医疗质量管理的有关要求,制订本机构医疗质量管理制度并组织实施;组织开展本机构医疗质量监测、预警、分析、考核、评估以及反馈工作,定期发布本机构质量管理信息;制订本机构医疗质量持续改进计划、实施方案并组织实施;制订本机构临床新技术引进和医疗技术临床应用管理相关工作制度并组织实施;建立本机构医务人员医疗质量管理相关法律、法规、规章制度、技术规范的培训制度,制订培训计划并监督实施;落实省级以上卫生计生行政部门规定的其他内容。

二级以上医院各业务科室应当成立本科室医疗质量管理工作小组,组长由科室主要负责人担任,指定专人负责日常具体工作。医疗质量管理工作小组主要职责是:贯彻执行医疗质量管理相关的法律、法规、规章、规范性文件和本科室医疗质量管理制度;制订本科室年度质量控制实施方案,组织开展科室医疗质量管理与控制工作;制订本科室医疗质量持续改进计划和具体落实措施;定期对科室医疗质量进行分析和评估,对医疗质量薄弱环节提出整改措施并组织实施;对本科室医务人员进行医疗质量管理相关法律、法规、规章制度、技术规范、标准、诊疗常规及指南的培训和宣传教育;按照有关要求报送本科室医疗质量管理相关信息。

二、行政部门管理职责

《办法》第三条规定了行政部门职责,国家卫生计生委负责全国医疗机构医疗质量管理工作。县级以上地方卫生计生行政部门负责本行政区域内医疗机构医疗质量管理工作。国家中医药管理局和军队卫生主管部门分别在职责范围内负责中医和军队医疗机构医疗质量管理工作。

国家卫生计生委负责组织或者委托专业机构、行业组织(以下称专业机构)制订医疗质量管理相关制度、规范、标准和指南,指导地方各级卫生计生行政部门和医疗机构开展医疗质量管理与控制工作。省级卫生计生行政部门可以根据本地区实际情况,制订行政区域医疗质量管理相关制度、规范和具体实施方案。县级以上地方卫生计生行政部门在职责范围内负责监督、指导医疗机构落实医疗质量管理有关规章制度。

　　国家卫生计生委建立国家医疗质量管理与控制体系,完善医疗质量控制与持续改进的制度和工作机制。各级卫生计生行政部门组建或者指定各级、各专业医疗质量控制组织(以下称质控组织)落实医疗质量管理与控制的有关工作要求。

　　国家级各专业质控组织在国家卫生计生委指导下,负责制订全国统一的质控指标、标准和质量管理要求,收集、分析医疗质量数据,定期发布质控信息。省级和有条件的地市级卫生计生行政部门组建相应级别、专业的质控组织,开展医疗质量管理与控制工作。

　　各级卫生计生行政部门和医疗机构应当建立健全医疗质量管理人员的培养和考核制度,充分发挥专业人员在医疗质量管理工作中的作用。

第三节　医疗质量管理主要措施

一、医疗质量保障

　　医疗机构应当加强医务人员职业道德教育,发扬救死扶伤的人道主义精神,坚持"以患者为中心",尊重患者权利,履行防病治病、救死扶伤、保护人民健康的神圣职责。

　　医务人员应当恪守职业道德,认真遵守医疗质量管理相关法律法规、规范、标准和本机构医疗质量管理制度的规定,规范临床诊疗行为,保障医疗质量和医疗安全。

　　医疗机构应当按照核准登记的诊疗科目执业。卫生技术人员开展诊疗活动应当依法取得执业资质,医疗机构人力资源配备应当满足临床工作需要。

　　医疗机构应当按照有关法律法规、规范、标准要求,使用经批准的药品、医疗器械、耗材开展诊疗活动。

　　医疗机构开展医疗技术应当与其功能任务和技术能力相适应,按照国家关于医疗技术和手术管理有关规定,加强医疗技术临床应用管理。

　　医疗机构及其医务人员应当遵循临床诊疗指南、临床技术操作规范、行业标准和临床路径等有关要求开展诊疗工作,严格遵守医疗质量安全核心制度,做到合理检查、合理用药、合理治疗。

　　医疗机构应当加强药学部门建设和药事质量管理,提升临床药学服务能力,推行临床药师制,发挥药师在处方审核、处方点评、药学监护等合理用药管理方面的作用。临床诊断、预防和治疗疾病用药应当遵循安全、有效、经济的合理用药原则,尊重患者对药品使用的知情权。

　　医疗机构应当加强护理质量管理,完善并实施护理相关工作制度、技术规范和护理指南;加强护理队伍建设,创新管理方法,持续改善护理质量。

医疗机构应当加强医技科室的质量管理,建立覆盖检查、检验全过程的质量管理制度,加强室内质量控制,配合做好室间质量评价工作,促进临床检查检验结果互认。

医疗机构应当完善门急诊管理制度,规范门急诊质量管理,加强门急诊专业人员和技术力量配备,优化门急诊服务流程,保证门急诊医疗质量和医疗安全,并把门急诊工作质量作为考核科室和医务人员的重要内容。

医疗机构应当加强医院感染管理,严格执行消毒隔离、手卫生、抗菌药物合理使用和医院感染监测等规定,建立医院感染的风险监测、预警以及多部门协同干预机制,开展医院感染防控知识的培训和教育,严格执行医院感染暴发报告制度。

医疗机构应当加强病历质量管理,建立并实施病历质量管理制度,保障病历书写客观、真实、准确、及时、完整、规范。

医疗机构及其医务人员开展诊疗活动,应当遵循患者知情同意原则,尊重患者的自主选择权和隐私权,并对患者的隐私保密。

医疗机构开展中医医疗服务,应当符合国家关于中医诊疗、技术、药事等管理的有关规定,加强中医医疗质量管理。

二、医疗质量持续改进

医疗机构应当建立本机构全员参与、覆盖临床诊疗服务全过程的医疗质量管理与控制工作制度。医疗机构应当严格按照卫生计生行政部门和质控组织关于医疗质量管理控制工作的有关要求,积极配合质控组织开展工作,促进医疗质量持续改进。

医疗机构应当按照有关要求,向卫生计生行政部门或者质控组织及时、准确地报送本机构医疗质量安全相关数据信息。

医疗机构应当熟练运用医疗质量管理工具开展医疗质量管理与自我评价,根据卫生计生行政部门或者质控组织发布的质控指标和标准完善本机构医疗质量管理相关指标体系,及时收集相关信息,形成本机构医疗质量基础数据。

医疗机构应当加强临床专科服务能力建设,重视专科协同发展,制订专科建设发展规划并组织实施,推行"以患者为中心、以疾病为链条"的多学科诊疗模式。加强继续医学教育,重视人才培养、临床技术创新性研究和成果转化,提高专科临床服务能力与水平。

医疗机构应当加强单病种质量管理与控制工作,建立本机构单病种管理的指标体系,制订单病种医疗质量参考标准,促进医疗质量精细化管理。

医疗机构应当制订满意度监测指标并不断完善,定期开展患者和员工满意度监测,努力改善患者就医体验和员工执业感受。

医疗机构应当开展全过程成本精确管理,加强成本核算、过程控制、细节管理和量化分析,不断优化投入产出比,努力提高医疗资源利用效率。

医疗机构应当对各科室医疗质量管理情况进行现场检查和抽查,建立本机构医疗质量内部公示制度,对各科室医疗质量关键指标的完成情况予以内部公示。

医疗机构应当定期对医疗卫生技术人员开展医疗卫生管理法律法规、医院管理制度、医疗质量管理与控制方法、专业技术规范等相关内容的培训和考核。

医疗机构应当将科室医疗质量管理情况作为科室负责人综合目标考核以及聘任、晋升、评先评优的重要指标。

医疗机构应当将科室和医务人员医疗质量管理情况作为医师定期考核、晋升以及科室和医务人员绩效考核的重要依据。

医疗机构应当强化基于电子病历的医院信息平台建设,提高医院信息化工作的规范化水平,使信息化工作满足医疗质量管理与控制需要,充分利用信息化手段开展医疗质量管理与控制。建立完善医疗机构信息管理制度,保障信息安全。

医疗机构应当对本机构医疗质量管理要求执行情况进行评估,对收集的医疗质量信息进行及时分析和反馈,对医疗质量问题和医疗安全风险进行预警,对存在的问题及时采取有效干预措施,并评估干预效果,促进医疗质量的持续改进。

三、医疗安全风险防范

国家建立医疗质量(安全)不良事件报告制度,鼓励医疗机构和医务人员主动上报临床诊疗过程中的不良事件,促进信息共享和持续改进。

医疗机构应当建立医疗质量(安全)不良事件信息采集、记录和报告相关制度,并作为医疗机构持续改进医疗质量的重要基础工作。

医疗机构应当建立药品不良反应、药品损害事件和医疗器械不良事件监测报告制度,并按照国家有关规定向相关部门报告。

医疗机构应当提高医疗安全意识,建立医疗安全与风险管理体系,完善医疗安全管理相关工作制度、应急预案和工作流程,加强医疗质量重点部门和关键环节的安全与风险管理,落实患者安全目标。医疗机构应当提高风险防范意识,建立完善相关制度,利用医疗责任保险、医疗意外保险等风险分担形式,保障医患双方合法权益。制订防范、处理医疗纠纷的预案,预防、减少医疗纠纷的发生。完善投诉管理,及时化解和妥善处理医疗纠纷。

第四节　监督执法要点

医疗机构开展诊疗活动超出登记范围,使用非卫生技术人员从事诊疗工作,违规开展禁止或者限制临床应用的医疗技术,使用不合格或者未经批准的药品、医疗器械、耗材等开展诊疗活动的,由县级以上地方卫生计生行政部门依据国家有关法律法规进行处理。

一、超出登记范围开展诊疗活动

(一)诊疗科目超出登记范围

违反《医疗机构管理条例》第二十七条规定,按照《医疗机构管理条例》第四十七条和《医疗机构管理条例实施细则》处罚。

《卫生部关于全科医疗科诊疗范围的批复》(卫政法发〔2006〕498号)规定:全科医疗科为一级诊疗科目,其具体诊疗范围应参照《城市社区卫生服务机构管理办法(试行)》第七条规定的"社区卫生服务机构提供的基本医疗服务"的范围。医疗机构核准登记的诊疗科目仅为全科医疗科,却设置了外科、妇产科、口腔科等诊疗科目的,属于超范围执业,应当按照《医疗机构管理条例》第四十七条的规定进行行政处罚。

《卫生部关于美容中医科开展整形美容手术是否认定超范围执业的批复》(卫医发〔2006〕41号)规定,诊疗科目仅登记为美容中医科的医疗美容机构开展整形美容手术,应认定为超范围执业。

(二)违规开展禁止性或限制性医疗技术临床应用

按照《国家卫生计生委关于取消第三类医疗技术临床应用准入审批有关工作的通知》(国卫医发〔2015〕71号)规定:

医疗机构禁止临床应用安全性、有效性存在重大问题的医疗技术(如脑下垂体酒精毁损术治疗顽固性疼痛),或者存在重大伦理问题(如克隆治疗技术、代孕技术),或者卫生计生行政部门明令禁止临床应用的医疗技术(如除医疗目的以外的肢体延长术),以及临床淘汰的医疗技术(如角膜放射状切开术)。涉及使用药品、医疗器械或具有相似属性的相关产品、制剂等的医疗技术,在药品、医疗器械或具有相似属性的相关产品、制剂等未经食品药品监督管理部门批准上市前,医疗机构不得开展临床应用。

对安全性、有效性确切,但是技术难度大、风险高,对医疗机构的服务能力、人员水平有较高要求,需要限定条件,或者存在重大伦理风险,需要严格管理的医疗技术,医疗机构应当限制临床应用。

医疗机构未按要求进行备案或开展禁止临床应用医疗技术的,由卫生计生行政部门按照《医疗机构管理条例》第四十七条和《医疗技术临床应用管理办法》第五十条的规定给予处罚。

（三）开展医疗美容项目违反分级管理规定

《医疗美容项目分级管理目录》规定了开展不同级别美容外科手术所需要的美容医疗机构条件。按照《卫生部关于武汉中澳医疗美容门诊部执业有关问题的批复》（卫医政函〔2010〕422 号），医疗机构应当按照其类别开展相应级别的医疗美容项目，凡违反上述规定的，视为超范围执业，按照有关规定处理。

二、使用非卫生技术人员从事诊疗工作

（一）使用实质非卫生技术人员

医疗机构使用无执业资格卫生技术人员（含聘用取得医师资格因本人原因未经注册取得执业证书人员），对医疗机构依据《医疗机构管理条例》第四十八条和《医疗机构管理条例实施细则》第八十一条处罚；对非医师人员依据《执业医师法》第三十九条处罚。

（二）使用视为非卫生技术人员

主要包括几种情形：一是使用卫技人员从事本专业以外诊疗活动；二是安排未取得执业资格医学毕业生独立从事临床工作；三是使用未取得处方权（被取消处方权）的医师开具处方；四是使用未取得麻醉药品和第一类精神药品处方资格医师开具麻醉药品和第一类精神药品处方；五是使用未取得药学专业技术职务任职资格的人员从事处方调剂工作。

对医疗机构依据《医疗机构管理条例》第四十八条和《医疗机构管理条例实施细则》第八十一条处罚；如果使用未取得护士执业证书的人员，应依据《护士条例》第二十八条予以处罚。对医师可以按照《执业医师法》第三十七条处罚或者按照《医师延期考核管理办法》处理。

（三）使用不合格或者未经批准的药品、医疗器械、耗材等开展诊疗活动

使用不合格药品主要指假药劣药，具体按照《药品管理法》第四十八条、第四十九条规定；使用不合格医疗器械、耗材主要指不能提供合格证明文件。使用未经批准的药品、医疗器械、耗材主要包括未经批准生产和未经批准使用 2 种情形。

《医疗机构管理条例实施细则》中对未取得《医疗机构执业许可证》开展诊疗活动，使用假药、劣药蒙骗患者的，确定了不同的裁量基准，此处不详细讨论。

药品、医疗器械监督管理等依法主要由食品药品监督管理部门负责，卫生计生行政部门在职责范围内负责相关监督管理工作。特别是在《医疗器械监督管理条例》第六十八条规定了食品药品监管和卫生计生行政部门分别给予行政处罚的 10 种情形。排除食品药品监督管理部门的职责，卫生计生行政

部门主要负责以下几项:(四)对重复使用的医疗器械,医疗器械使用单位未按照消毒和管理的规定进行处理的;(五)医疗器械使用单位重复使用一次性使用的医疗器械,或者未按照规定销毁使用过的一次性使用的医疗器械的;(九)医疗器械使用单位违规使用大型医用设备,不能保障医疗质量安全的;(十)医疗器械生产经营企业、使用单位未依照本条例规定开展医疗器械不良事件监测,未按照要求报告不良事件,或者对医疗器械不良事件监测技术机构、食品药品监督管理部门开展的不良事件调查不予配合的。

三、医疗机构质量管理不规范的处罚

《医疗质量管理办法》第四十四条规定,医疗机构有下列情形之一的,由县级以上卫生计生行政部门责令限期改正;逾期不改的,给予警告,并处3万元以下罚款;对公立医疗机构负有责任的主管人员和其他直接责任人员,依法给予处分:

(一)未建立医疗质量管理部门或者未指定专(兼)职人员负责医疗质量管理工作的。

(二)未建立医疗质量管理相关规章制度的。

(三)医疗质量管理制度不落实或者落实不到位,导致医疗质量管理混乱的。

(四)发生重大医疗质量安全事件隐匿不报的。

(五)未按照规定报送医疗质量安全相关信息的。

(六)其他违反本办法规定的行为。

对于第(六)项"兜底条款"的使用问题需要引起注意。"兜底条款"作为一项列举法不能穷尽所有事项的立法技术,也叫"口袋条款",它将所有其他条款没有包括的、难以包括的或者目前预料不到的,都包括在这个条款中,用"其他""等"等概括性用语表示。按照同类解释法律使用规则,"兜底条款"必须作出与所列举事项要素性质相同、作用相当的解释。最高人民法院关于印发《关于审理行政案件使用法律规范问题的座谈会纪要》的通知(法〔2004〕96号)"四、关于法律规范具体应用解释问题"中明确规定,法律规范在列举其适用的典型事项后,又以"等""其他"等词语进行表述的,属于不完全列举的例示性规定。以"等""其他"等概括性用语表示的事项,均为明文列举事项以外的事项,且其所概括的情形应为与列举事项类似的事项。

分析《医疗质量管理办法》第四十四条前5项所列举的事项,均为医疗质量管理机构设置、管理制度建立及落实相关内容,因此,第六项"兜底条款"也应考虑管理机构设置、管理制度建立与落实相关内容,如医疗质量管理机构设置不符合规定、医疗质量管理机构未按照规定履行职责、医疗质量管理制度与国家相关规定不相符等等。

四、医师护士等卫生技术人员违规行为处罚

《医疗质量管理办法》第四十五条规定,医疗机构执业的医师、护士在执业活动中,有下列行为之一的,由县级以上地方卫生计生行政部门依据《执业医师法》《护士条例》等有关法律法规的规定进行处理;构成犯罪的,依法追究刑事责任:

(一)违反卫生法律、法规、规章制度或者技术操作规范,造成严重后果的。

(二)由于不负责任延误急危患者抢救和诊治,造成严重后果的。

(三)未经亲自诊查,出具检查结果和相关医学文书的。

(四)泄露患者隐私,造成严重后果的。

(五)开展医疗活动未遵守知情同意原则的。

(六)违规开展禁止或者限制临床应用的医疗技术、不合格或者未经批准的药品、医疗器械、耗材等开展诊疗活动的。

(七)其他违反本办法规定的行为。

此处列举的相关内容,与《执业医师法》《护士条例》中规定的情形一致。其他卫生技术人员违反本办法规定的,根据有关法律、法规的规定予以处理。相关内容在前面章节已有介绍,不再赘述。

第五节　相 关 知 识

医疗质量:指在现有医疗技术水平及能力、条件下,医疗机构及其医务人员在临床诊断及治疗过程中,按照职业道德及诊疗规范要求,给予患者医疗照顾的程度。

医疗质量管理:指按照医疗质量形成的规律和有关法律、法规要求,运用现代科学管理方法,对医疗服务要素、过程和结果进行管理与控制,以实现医疗质量系统改进、持续改进的过程。

医疗质量安全核心制度:指医疗机构及其医务人员在诊疗活动中应当严格遵守的相关制度,主要包括:首诊负责制度、三级查房制度、会诊制度、分级护理制度、值班和交接班制度、疑难病例讨论制度、急危重患者抢救制度、术前讨论制度、死亡病例讨论制度、查对制度、手术安全核查制度、手术分级管理制度、新技术和新项目准入制度、危急值报告制度、病历管理制度、抗菌药物分级管理制度、临床用血审核制度、信息安全管理制度等。

医疗质量管理工具:指为实现医疗质量管理目标和持续改进所采用的措施、方法和手段,如全面质量管理(TQC)、质量环(PDCA循环)、品管圈(QCC)、疾病诊断相关组(DRGs)绩效评价、单病种管理、临床路径管理等。

第十章

血液及用血安全监督

第一节　血液监督概述

一、血液安全监督的必要性

血液和血液制品输注是现代医学不可或缺的治疗方法。由于血液成分复杂,血液以及绝大多数血液制品目前还无法实现工业化生产,输血及血液制品所需的血液主要依赖于人体捐献。受血液生物特性的制约,血液在采集、加工、储存、运输和临床使用等各个环节都存在一定风险,因此,血液安全备受全世界广泛关注。世界卫生组织(WHO)早前对血液安全提出4个方面的战略要求:一是在所有地区建立组织良好、国家层面协调、具有良好质量体系的输血服务机构;二是从低危的自愿无偿献血者中采集血液;三是严格的血液检测:包括输血传播疾病、血型和输血前相容性检测;四是合理用血:只要可能,就应使用血液代用品,以最大限度减少不必要的输血。血液安全覆盖从献血者招募到受血者输注全过程。

根据WHO对血液安全的战略要求,世界各国高度重视并采取有效的措施甚至以立法的形式以保障本国的血液安全。2011年,全世界68%的国家在国家层面进行了血液立法。

二、我国血液安全监管的历史

20世纪80年代,我国提出并确立了血液管理"三统一原则";90年代中后期,《血液制品管理条例》《中华人民共和国献血法》颁布实施,标志着我国血液安全管理走上法制化的道路。为加强血液安全监管,规范采供血行为,我国先后颁布了《血站管理办法》《单采血浆站管理办法》《医疗机构临床用血管理办法》《献血者健康检查要求》《血站技术操作规程》等一系列规章、标准和规范性文件。为净化采供血市场,1995年以来开展了三次全国性的采供血专项整治行动。包括 1995 年的采供血机构和血源整治、2001 年的采供血机构整顿和 2004 年的打击非法采供血专项整治。通过专项整治和完善血液安全管理政策法规，我国采供血监管体系逐步完善，血液安全得到进一步保障。

三、我国血液安全监管的法律体系

我国血液安全监管法律体系由 3 个方面构成：一是刑法规定；二是调整采供血服务的专业法律法规；三是与采供血服务相关的法律法规。

（一）刑法规定

《中华人民共和国刑法》第九修正案分别在第三百三十三条设定了非法组织他人出卖血液罪，第三百三十四条设定了非法采集、供应血液或者制作、供应血液制品罪，以及采集、供应血液或者制作、供应血液制品事故罪。《最高人民法院最高人民检察院关于办理非法采供血液等刑事案件具体应用法律若干问题的解释》《最高人民检察院公安部关于公安机关管辖的刑事案件立案追诉标准的规定（一）》对以上相关犯罪要件和立案追诉标准进行了司法解释。

（二）专业法律法规

调整采供血服务的专业法律法规主要由 2 个部分组成，一是调整临床用血采供服务的"献血法体系"，二是调整血液制品生产用原料血浆采供服务的"血液制品管理条例体系"。

1."献血法体系"包括：《中华人民共和国献血法》《血站管理办法》《医疗机构临床用血管理办法》《献血者健康检查要求》（GB 18467—2011）、《全血及成分血质量要求》（GB 18469—2012）、《血液储存要求》（WS 399—2012）、《血液运输要求》（WS/T 400—2012）、《献血场所配置要求》（WS/T 401—2012）、《血站基本标准》《血站质量管理规范》《血站实验室质量管理规范》《血站技术操作规程（2015 版）》《脐带血造血干细胞库管理办法（试行）》《脐带血造血干细胞库技术规范（试行）》《临床输血技术规范》等法律法规标准规范，及各地地方性法规。

2."血液制品管理条例体系"包括：《血液制品管理条例》《单采血浆站管理办法》《单采血浆站基本标准》《单采血浆站质量管理规范》《单采血浆站技术操作规程（2011 版）》《血液制品生产用人血浆（2015 版药典）》等法规技术规范标准及各地地方性法规。

3.其他相关法律法规：主要包括《中华人民共和国执业医师法》《中华人民共和国传染病防治法》《医疗废物管理条例》《突发公共卫生事件应急条例》《艾滋病防治条例》《病原微生物实验室生物安全管理条例》《突发公共卫生事件与传染病疫情监测信息报告管理办法》《医疗卫生机构医疗废物管理办法》

《医疗废物管理行政处罚办法》《消毒管理办法》等与医疗服务、传染病防治、实验室生物安全管理等相关的法律法规标准规范。

第二节　一般血站的监督

一、监督检查的主要内容

（一）机构人员资质

1．血站执业资格　血站应取得省级卫生计生行政部门颁发的《血站执业许可证》（有效期 3 年），并按照执业登记的项目、内容和范围开展业务活动。《血站执业许可证》有效期满前 3 个月，血站应当办理再次执业登记。血站设置分支机构、储血点应获得省级卫生计生行政部门批准；设置固定采血点（室）或者流动采血车应在省级卫生计生行政部门备案。

2．实验室资质　血液检测实验室应获得《血站实验室质量管理规范》审核合格证书，通过艾滋病检测筛查实验室验收（这两项同执业验收一并进行），并到当地设区的市级卫生行政部门进行病原微生物二级生物安全实验室备案；核酸检测实验室应经省级卫生计生行政部门组织的实验室的技术验收。

3．人员资质　血站工作人员应当符合岗位执业资格的规定（详见《血站质量管理办法》附件一。如：体检医师应取得相应的医师执业资格，注册地点为本血站；采血护士具有护士执业资格，并经注册在本血站；检验人员应具有初级以上职称，艾滋病病毒抗体检测人员应经省级以上艾滋病检测技术培训取得培训证书，核酸检测人员经核酸检测技术培训合格），并经血液安全和业务岗位培训与考核合格后方可上岗。

（二）设备物料管理

1．设备管理　血站应建立和实施设备的确认、维护、校准和持续监控管理制度（新的或者经过维修后设备在正式投入正常使用之前应经过确认）；大型和关键设备应有唯一性标识及使用状态标识，明确维护和校准周期。

2．物料管理

（1）物料资质：药品以及按药品管理的诊断试剂（如乙肝病毒表面抗原、丙肝病毒抗体、艾滋病病毒抗体和梅毒检测试剂盒、ABO 血型定型试剂和核酸检测试剂）应有《药品生产许可证》、药品的批准证明文件复印件、中国药品生物制品检定所的批检报告、经营单位的《药品经营许可证》和营业执照复印件等。

一次性卫生器材（如塑料采血袋、注射器、去白细胞滤器等）应有《医疗器械生产企业许可证》、产品的《医疗器械产品注册证》复印件、经营单位的《医疗器械经营企业许可证》。

消毒产品应有《消毒产品生产企业卫生许可证》复印件、《卫生安全性评价报告》(属三新消毒产品应有卫生许可批件复印件),以及有效的《工商营业执照》(其中批发商索取的复印件应当加盖原件持有者的印章)。

(2)物料储存:对合格、待检、不合格物料应分区存放、标识明显;对温度、湿度等有特殊要求的物料应按照规定条件储存,并有效监控;物料的使用遵循先进先出。

(3)物料使用:应在有效期内使用;严禁重复使用一次性卫生器材。

3. 计量器具的管理 玻璃液体温度计、体温计、酸度计、分光光度计、血球计数器等 16 类计量器(详见《血站技术操作规程(2015 版)》附录 H 血站使用的强制检定工作计量器目录)应定期检定或校准,有合格标识并标注下一次检定校准日期等。

4. 设备物料的质量控制 应按照《血站技术操作规程(2015 版)》对关键设备(成分制备大容量离心机、储血设备、压力蒸气灭菌器、采血秤)、关键物料(塑料采血袋、真空采血管、一次性无菌注射器、一次性单采耗材、血袋标签、硫酸铜溶液、检验试剂、一次性使用去白细胞滤器、一次性使用病毒灭活输血过滤器)进行质量检查(查质量检查记录与报告)。

(三)血液采集

1. 献血者身份核对与登记 采血前应当对献血者身份和献血时间间隔进行核查并登记,严禁采集冒名顶替者的血液。献血者应当按照要求出示真实的身份证明,任何单位和个人不得组织冒名顶替者献血。

2. 献血者健康检查 应对献血者进行必要的健康征询、一般检查(常规项目包括体重、血压、脉搏等,必要时测量体温)和献血前的血液检测(必须检测的项目为:血红蛋白,单采血小板捐献者还应检测红细胞压积和血小板计数)。

3. 献血告知 采集血液应当遵循自愿和知情同意的原则,对献血者履行规定的告知义务[九项必须告知内容见《献血者健康检查要求》(GB 18467—2011)],并请献血者签名。应当建立献血者信息保密制度,为献血者保密。

4. 献血间隔期与采血量 全血两次采集间隔期不少于 6 个月;单采血小板献血间隔应不少于 2 周,不大于 24 次 / 年,因特殊配型需要,由医师批准,最短间隔时间不少于 1 周;单采血小板后与全血献血间隔不少于 4 周;全血献血后与单采血小板献血间隔不少于 3 个月。每次采血量:全血 400 ml,300 ml 或者 200 ml。单采血小板:1 个至 2 个治疗单位,或者 1 个治疗单位及不超过 200ml 血浆;全年血小板和血浆采集总量不超过 10L。

严禁对献血者超量、频繁采集血液。

5. 血液采集记录 血液采集记录真实、规范,且至少保存 10 年。

（四）血液检测

1. 血液检测项目与方法

（1）乙型肝炎病毒（HBV）、丙型肝炎病毒（HCV）、人类免疫缺陷病毒（HIV）标志物检测：应采用核酸和血清学检测（乙肝表面抗原，丙肝、艾滋抗体或抗原抗体）两种方法各进行 1 次检测。对于酶免检测阳性的标本可不再进行核酸检测，直接视为该项目检测结果不合格。

（2）梅毒：采用 2 个不同厂家的血清学试剂检测特异性抗体（抗 TP）。

血清学方法：包括酶联免疫吸附试验（ELISA）、化学发光免疫分析试验（CLIA）。

（3）丙氨酸氨基转移酶（ALT）：采用速率法（湿化学法）进行 1 次检测，≤50U/L。

血型检测：ABO 血型正反定型；Rh 血型定型。

（4）核查是否配备开展相关检验项目必要的设施、设备及试剂，试剂、耗材使用情况是否与开展的项目、人数相符。

2. 试剂管理 试剂储存条件符合要求，无过期、变质试剂；试剂盒内阳性对照和质控品应放置于标本处理区的冰箱内。

3. 检测标本的处理 艾滋病病毒抗体检测呈阳性反应的血液标本应送艾滋病检测确证实验室，并建有相关记录。实验室病原体培养基、标本和菌种、毒种保存液等高危险废物，交医疗废物集中处置单位处置前应就地消毒，含活性高致病性生物因子的废物（如艾滋病病毒抗体检测阳性标本等）应在实验室内消毒灭菌 [依据《实验室生物安全通用要求》（GB 19489—2008）7.19.12/7.19.13；《医疗废物管理条例》第十九条第二款]。

4. 检测记录及报告 应符合相关要求（检测记录应完整保证其可追溯；检测报告有检测者、复核者和检测报告者的签名和日期），且至少保存 10 年。

实验室生物安全管理相关检查内容参见传染病防治监督培训教材相关内容。

（五）血液成分制备

1. 制备品种 血液成分品种应符合《全血及成分血质量要求》（GB 18469—2012）的要求。

2. 制备环境 制备环境应当卫生整洁，定期消毒；如在开放系统制备血液，制备室环境应达到 10 000 级、操作台局部应达到 100 级（或在超净台中进行）。

3. 制备温度 制备血小板、粒细胞的离心温度应为 22℃±2℃；制备其他血液成分的离心温度应为 4℃±2℃。

4. 制备记录 制备记录以电子记录为主，以手工纸面记录为补充；制备记录应包括血液交接、制备,设备使用与维护,制备环境控制,医疗废物处理等,并可追溯到起始血液、制备人员、制备方法、制备环境、使用设备和物料。

血液成分制备这部分内容专业性较强,必要时可以在专业技术人员的指导下进行检查。

（六）血液包装储存运输与标本管理

1．血液的隔离存放　应设立物理隔离的合格品区、隔离区和不合格品区,并有明显标识;对血液隔离贮存设备进行温度监控。

2．血液标识与包装　应采用条形码技术,通过其计算机信息系统,血液的信息能追溯到相应的献血者及其献血过程;血液包装应完好;血液包装袋上应当注明血站的名称及其许可证号、献血编号或者条形码、血型、血液品种、采血日期及时间或者制备日期及时间、有效日期及时间、储存条件等7类基本信息。

3．血液储存及监控　血液储存设备应专用,有双电路或应急发电设备,有可视温度显示和温度超限声、光报警装置。血液储存的温度和期限符合要求（见表10-1）。

表 10-1　血液储存的温度和期限要求

血液成分类型	储存温度	储存期限
全血及常用红细胞成分血	2~6℃	21~35 天冰冻解冻去甘油红细胞 24 小时
冰冻红细胞	含 20% 甘油的,−120℃以下含 40% 甘油的,−65℃以下	采血之日起 10 年
血小板类	20~24℃持续轻缓振荡	普通血袋 24 小时;专用血袋 5 天
血浆类	低于 −18℃,解冻后 2~6℃	新鲜冰冻血浆、冷沉淀 1 年;冰冻血浆 4 年;解冻后 24 小时内输注

对血液储存温度应进行监控:人工监控时 4 小时监测记录温度 1 次;设有自动温度监测管理系统的,监测时至少每日人工记录温度 2 次（2 次记录间隔 8 小时以上）。血液储存设备的温度监控记录至少应保存到血液发出后 1 年,以保证可追溯性。

采集血液的血袋[单（多）联塑料血袋]在采集血液后,其有效期与所储存的血液相同。

4．血液运输　血液运输箱能密闭,防雨、尘、渗,易洗消,有降温设施,保温性能经过确认,装入血液前应保持清洁;不同运输温度要求的血液成分（全血及红细胞悬液等 2~10℃,冰冻血浆冰冻状态,血小板尽可能 20~24℃）应分箱转载；运输温度符合要求，有可追溯的运输记录。

5. 标本保存　血液标本的保存期为全血或成分血使用后 2 年。

（七）血液供应及报废血液的管理

1. 血液供应　无偿献血的血液必须用于临床，血站不得有擅自出售、买卖无偿献血的血液；血站向临床提供的血液质量必须符合国家有关标准；血站不得有擅自调配血液、向境外医疗机构提供血液或者特殊血液成分行为。供血原始记录至少保存 10 年。

2. 报废血液处理　血站必须严格执行国家有关报废血处理和有易感染经血液传播疾病危险行为的献血者献血后保密性弃血处理的规定，并建立报废血液处理相关登记。实验室的阳性结果记录信息与报废血出入库记录信息应相符。

（八）其他

1. 工作记录　各业务岗位的工作记录内容真实、项目完整、记录及时、有操作者签名，内容更改规范（保持原记录内容清晰可见，注明更改内容、日期、更改人）。献血、检测和供血的原始记录应当至少保存 10 年。

2. 传染病疫情报告、医疗废物管理及消毒管理　传染病疫情报告、医疗废物管理及消毒管理：参见传染病防治监督培训教材相关内容 [根据原卫生部《传染病信息报告管理规范（2015 版）》及《艾滋病和艾滋病病毒感染诊断标准》（WS 293—2008）相关规定，采供血机构应在接到艾滋病检测确证实验室 HIV 抗体确证实验阳性的报告后 24 小时内进行传染病网络报告或寄出传染病报告卡]。

二、违法行为的处理

（一）机构人员资质方面

1. 未取得合法有效的血站执业许可证擅自开展采供血活动的（具体表现形式：未经批准，擅自设置血站，开展采供血活动的；已被注销的血站，仍开展采供血活动的；已取得设置批准但尚未取得《血站执业许可证》即开展采供血活动的；《血站执业许可证》有效期满未再次登记仍开展采供血活动的；租用、借用、出租、出借、变造、伪造《血站执业许可证》开展采供血活动的），违反了《中华人民共和国献血法》第八条、《中华人民共和国传染病防治法》第二十三条第一款、《血站管理办法》第十三条、第十六条的规定，依据《献血法》第十八条第一项、《中华人民共和国传染病防治法》第七十条第二款、《血站管理办法》第五十九条进行处罚；构成犯罪的，依法追究刑事责任。

2. 超出执业登记的项目、内容、范围开展业务活动的，依据《血站管理办法》第六十一条第一款第一项进行处罚。

3. 血液检测实验室未取得相应资格即进行检测的,违反了《血站管理办法》第二十九条第一款,依据《血站管理办法》第六十一条第一款第三项进行处罚。

4. 血站新建、改建或者扩建病原微生物一级、二级生物安全实验室未向设区的市级人民政府卫生主管部门备案的,违反了《病原微生物实验室生物安全管理条例》第二十五条规定,依据《病原微生物实验室生物安全管理条例》第六十条第四项进行处罚。

5. 工作人员未取得相关岗位执业资格或者未经执业注册而从事采供血工作的,违反了《血站管理办法》第二十七条第一款规定,依据《血站管理办法》第六十一条第一款第二项进行处罚。

(二)物料管理方面

1. 使用的药品、体外诊断试剂、一次性卫生器材不符合国家有关规定的,违反了《血站管理办法》第三十八条的规定,依据《血站管理办法》第六十一条第一款第十项进行处罚。

2. 重复使用一次性卫生器材的,违反了《中华人民共和国献血法》第十条第一款、《血站管理办法》第三十八条的规定,依据《血站管理办法》第六十一条第一款第十一项进行处罚。

(三)血液采集与检测方面

1. 非法组织他人出卖血液的,违反了《中华人民共和国献血法》第二条、《中华人民共和国传染病防治法》第二十三条第一款的规定,依据《中华人民共和国献血法》第十八条第三项、《中华人民共和国传染病防治法》第七十条第二款进行处罚;构成犯罪的,依法追究刑事责任。

2. 采血前未向献血者、特殊血液成分捐赠者履行规定的告知义务的,违反了《血站管理办法》第二十四条第一款,依据《血站管理办法》第六十一条第一款第八项进行处罚。

3. 采集血液前,未按照国家颁布的献血者健康检查要求对献血者进行健康检查、检测的,违反了《血站管理办法》第二十二条第一款,依据《血站管理办法》第六十一条第一款第五项进行处罚。

4. 采集健康检查不合格者血液的,违反了《血站管理办法》第二十二条第一款的规定,依据《血站管理办法》第六十一条第一款第六项进行处罚。

5. 采集冒名顶替者的血液的,违反了《血站管理办法》第二十二条第三款的规定,依据《血站管理办法》第六十一条第一款第六项进行处罚。

6. 不遵守采血量和采血间隔的相关规定超量或者频繁采集血液的,违反了《血站管理办法》第二十二条第一款、第三款的规定,依据《血站管理办法》第六十一条第一款第六项进行处罚。

（四）血液包装储存及标本管理方面

1. 临床用血包装、储存不符合国家规定的卫生标准和要求的，违反了《中华人民共和国献血法》第十二条的规定，依据《中华人民共和国献血法》第二十条进行处罚。

由于《血液运输要求》（WS/T 400—2012）为卫生行业推荐性标准，血液运输不符合该标准要求的相关行为不宜依据《中华人民共和国献血法》第二十条进行处罚。

2. 未按规定保存血液标本的，违反了《血站管理办法》第三十一条，依据《血站管理办法》第六十一条第一款第十五项进行处罚。

（五）血液供应与报废血处置方面

1. 血站出售无偿献血血液的，违反了《中华人民共和国献血法》第十一条、《血站管理办法》第四十二条第一款的规定，依据《中华人民共和国献血法》第十八条第（二）项、《血站管理办法》第六十条进行处罚；构成犯罪的，依法追究刑事责任。

2. 擅自采集原料血浆、买卖血液的，违反了《血站管理办法》第二十二条第四款的规定，依据《血站管理办法》第六十一条第一款第四项进行处罚。

3. 擅自与外省、自治区、直辖市调配血液的，违反了《血站管理办法》第四十一条第一款的规定，依据《血站管理办法》第六十一条第一款第十三项进行处罚。

4. 未经批准向境外医疗机构提供血液或者特殊血液成分的，违反了《血站管理办法》第四十一条第二款的规定，依据《血站管理办法》第六十一条第一款第十四项进行处罚。

5. 向医疗机构提供不符合国家规定标准的血液的，违反了《中华人民共和国献血法》第十条第三款、《血站管理办法》第三十五条的规定，依据《中华人民共和国献血法》第二十一条、《血站管理办法》第六十三条进行处理。

6. 对检测不合格或者报废的血液，未按有关规定处理的，违反了《血站管理办法》第二十九条第二款的规定，依据《血站管理办法》第六十一条第一款第十二项进行处罚。

（六）其他

1. 擅自涂改、毁损或者不按规定保存工作记录的，违反了《血站管理办法》第二十八条的规定，依据《血站管理办法》第六十一条第一款第九项进行处罚。

2. 不符合《血站技术操作规程》以及有关质量规范和标准的行为，违反了《血站管理办法》第十九条的规定，可依据《血站管理办法》第六十一条第一款第七项进行处罚。

3. 血站造成经血液传播疾病发生或者其他严重后果的，按照《血站管理办法》第六十一条第二款规定,卫生计生行政部门在行政处罚的同时,可以注销其《血站执业许可证》。

4.一般血站违反国家有关传染病报告、消毒管理、医疗废物管理、实验室生物安全管理等相关法律法规规定的,依据《中华人民共和国传染病防治法》《医疗废物处理条例》《病原微生物实验室生物安全管理条例》《消毒管理办法》等相关法律法规进行处罚(详见传染病防治监督培训教材)。

第三节　脐带血造血干细胞库的监督

一、监督检查的主要内容

（一）机构人员资质

1.机构资质　脐带血库开展采供脐带血造血干细胞业务,应取得省级卫生计生行政部门颁发的《血站执业许可证》(有效期为 3 年),并严格按照《血站执业许可证》核定的采供血范围开展脐带血的采集工作。

2.实验室资质　血液检测实验室应经当地设区的市级卫生行政部门病原微生物二级生物安全实验室备案。

3.人员培训考核　脐带血库工作人员应当符合岗位执业资格的规定(人员任职的具体要求见《脐带血造血干细胞库设置管理规范(试行)》),并经岗位培训与考核合格后上岗。

（二）脐带血的采集

1.采集医疗机构　开展脐带血采集的医疗机构应是取得《医疗机构执业许可证》的二级以上妇产医院或综合医院。脐带血库应与省级卫生计生行政部门批准开展脐带血采集的医疗机构签订采集协议。

2.供者筛选标准　应制定并落实脐带血供者的筛选标准,脐带血应取自妊娠至少 34 周以上的自然分娩或剖腹(宫)产产妇,并对供者母血进行传染性疾病病原体的检测(包括 HIV-1/2 抗体、HBsAg、HCV 抗体、CMV-IgM 抗体、梅毒的血清学检测)。

3.知情同意　脐带血的采集应遵循自愿和知情同意的原则,必须在分娩前得到母亲的同意,由脐带血库与母亲签署知情同意书,并应符合医学伦理的有关要求。

4.采集及记录　采集所用的试剂耗材应符合要求,采集人员应受过脐带血采集培训;应对采集情况进行登记(包括供者基本信息、病史、病原体检测结果、采集所用试剂和材料的批号和有效期、采集者、采集时间等信息)。采集原始记录真实、规范,并至少保存 10 年。

（三）血液检测

1. 母血检测　应进行 HIV-1/2、HCV 和 HBsAg 的检测。

2. 脐带血检测　每份脐带血标本应进行以下检测：ABO 血型和 Rh 血型、有核细胞总数、CD34 阳性细胞百分比或总数和造血细胞集落形成细胞总数检测；制备后得到的脐带血标本的细菌以及霉菌的微生物培养检测；异基因脐带血（公共库脐血）应进行 HLA 分型。

3. 检测记录　检测记录真实、规范，并至少保存 10 年。

（四）脐带血的制备与保存

1. 制备　脐带血应在采集后 24 小时内进行制备和冷冻，并建立制备记录（包括脐带血制备、检测的全部过程，所用试剂和材料的批号和有效期，所有检测结果及对结果超出标准范围的解释等）。

2. 造血干细胞保存　制备的脐带血造血干细胞应使用符合标准的程控降温仪或 −80℃ 冰箱进行冷冻降温，最终冷冻保存在温度不高于 −135℃ 的液氮环境中；HIV、HCV 或 HBsAg 检测结果呈阳性或检测结果未确定时，脐带血造血干细胞应隔离存放，永久存放前，应由脐带血库主任或指定人检查并签发。

3. 标本保存　应保存脐带血和脐带血供者的母亲血液样本。

（五）脐带血的发放

1. 发放对象　脐带血库只能向取得省级以上卫生计生行政部门脐带血造血干细胞治疗技术审核登记的医疗机构提供脐带血造血干细胞；向境外医疗机构提供脐带血造血干细胞应严格按照国家有关人类遗传资源管理规定办理手续。

2. 发放前的检测　移植前应对脐带血进行 HIV-1/2 抗体、HBsAg、HCV 抗体、梅毒血清学的检测；异基因脐带血，还应对其标本进行 HLA 分型和细胞活性检测再确认。

3. 脐带血造血干细胞运输记录应包括移植医疗机构名称，脐带血造血干细胞发送的日期和时间，到达接收机构的日期和时间；运输清单应保存 20 年。

（六）其他

设备物料管理、报废脐带血和阳性标本的处置等参见一般血站相关内容；传染病疫情报告、医疗废物管理及消毒管理等参见传染病防治监督培训教材相关内容。

二、违法行为的处理

（一）机构人员资质方面

1. 未取得合法有效的血站执业许可证擅自开展采供脐带血造血干细胞业务的，违反了《中华人民共和国献血法》第八条、《血站管理办法》第四十七条第三款的规定,依据《献血法》第十八条第一项、《血站管理办法》第五十九条进行处罚;构成犯罪的,依法追究刑事责任。

2. 超出执业登记的项目、内容、范围开展业务活动的(如跨区域采集的),依据《血站管理办法》第六十一条第一款第一项进行处罚。

3. 新建、改建或者扩建病原微生物一级、二级生物安全实验室未向设区的市级人民政府卫生主管部门备案的,违反了《病原微生物实验室生物安全管理条例》第二十五条规定,依据《病原微生物实验室生物安全管理条例》第六十条第四项进行处罚。

(二)脐带血的采集、检测方面

1. 在未经省级卫生行政部门批准的采集医疗机构采集脐带血的、采集人员未经培训的、未执行脐带血供者的筛选标准的,违反了《脐带血造血干细胞库技术规范(试行)》10.1.2/10.1.6/9.2 和《血站管理办法》第四十九条第一项的规定,依据《血站管理办法》第六十一条第一款第七项进行处罚。

2. 脐带血与母血的检测项目不符合《脐带血造血干细胞库技术规范(试行)》22.1.1/22.2 相关要求的,违反了《血站管理办法》第四十九条第一项的规定,依据《血站管理办法》第六十一条第一款第七项进行处罚。

(三)脐带血的制备保存与发放方面

1. 脐带血未在采集后 24 小时内进行制备和冷冻的,违反了《脐带血造血干细胞库技术规范(试行)》16.4 和《血站管理办法》第四十九条第一项的规定,依据《血站管理办法》第六十一条第一款第七项进行处罚。

2. 未执行脐带血造血干细胞的隔离放行程序的、保存温度不符合要求的,违反了《脐带血造血干细胞库技术规范(试行)》21.1.2/21.5.1 及《血站管理办法》第四十九条第一项的规定,依据《血站管理办法》第六十一条第一款第七项进行处罚。

3. 向未取得省级以上卫生计生行政部门脐带血造血干细胞治疗技术审核登记的医疗机构提供脐带血造血干细胞的,违反了《脐带血造血干细胞库管理办法》第二十六条第二款、《脐带血造血干细胞库技术规范(试行)》27.1 及《血站管理办法》第四十九条第一项的规定,依据《血站管理办法》第六十一条第一款第七项进行处罚。

4. 未按规定保存血液标本的,违反了《脐带血造血干细胞库技术规范(试行)》19 和《血站管理办法》第四十九条第一项的规定,依据《血站管理办法》第六十一条第一款第十五项进行处罚。

(四)其他

1. 使用的药品、体外诊断试剂、一次性卫生器材不符合国家有关规定的,违反了《血站管理办法》第三十八条的规定,依据《血站管理办法》第六十一条第一款第十项进行处罚。

2. 重复使用一次性卫生器材的,违反了《中华人民共和国献血法》第十条第一款、《血站管理办法》第三十八条的规定,依据《血站管理办法》第六十一条第一款第十一进行处罚。

3. 擅自涂改、毁损或者不按规定保存工作记录的,违反了《血站管理办法》第二十八条的规定,依据《血站管理办法》第六十一条第一款第九项进行处罚。

4. 对检测不合格或者报废的血液,未按有关规定处理的,违反了《血站管理办法》第二十九条第二款的规定,依据《血站管理办法》第六十一条第一款第十二项进行处罚。

5. 脐带血造血干细胞库违反国家有关传染病报告、消毒管理、医疗废物管理、实验室生物安全管理等相关法律法规定的,依据《中华人民共和国传染病防治法》《医疗废物处理条例》《病原微生物实验室生物安全管理条例》《消毒管理办法》等相关法律法规进行处罚(详见传染病防治监督培训教材)。

第四节   单采血浆站的监督

一、监督检查的主要内容

(一)机构人员资质

1. 机构资质   单采血浆站应取得省级卫生计生行政部门颁发的《单采血浆许可证》(有效期为 2 年),有效期满前 3 个月应当向原发证部门申请延续,未办理延续申请的单采血浆站不得继续执业;单采血浆站变更名称、地址、法定代表人、业务项目等内容的,应当向原发证部门办理变更登记手续。单采血浆站开展供血浆者胸片拍摄检查的还应取得放射诊疗许可。

2. 实验室资质   血液检测实验室应经艾滋病检测筛查实验室验收(一般与执业验收一并进行),并到当地设区的市级卫生行政部门进行病原微生物二级生物安全实验室备案。

3. 人员资质   单采血浆站工作人员应当符合岗位执业资格的规定(详见《单采血浆站质量管理办法》附件一,如:体检医师应取得相应的医师执业资格,注册地点为本单采血浆站;采浆护士具有护士执业资格,并经注册在该单采血浆站;检验人员应具有医学或检验专业大专毕业以上学历,经与工作相符专业培训或进修 3 个月以上;艾滋病病毒抗体检测人员应经省级以上艾滋病检测技术培训取得培训证书),各关键岗位工作人员应经血液安全岗位培训与考核合格后方可上岗。

（二）设备物料管理

1. 设备管理　应配备应急供电设施（双电路或发电设备），并能正常使用。仪器设备（如实验室的离心机、酶标仪、洗板机、电冰箱、电热恒温培养箱、生物安全柜、高压灭菌器；采浆室的单采血浆机、高频热合机等）应有明显的状态标识，并定期维护保养。关键设备（如采浆机、酶标仪、分光光度计、冰柜等）投入使用前应进行确认，大修后应再确认。

2. 物料管理　试剂、疫苗、消毒产品及一次性采浆耗材资质应符合要求（具体要求参见一般血站监督相关内容），并在有效期内使用，严禁重复使用一次性卫生器材。

物料存放应分类、标识明显；待检物料与合格物料应分开储存，不合格物料应隔离存放，并有状态标识；采浆耗材应与其他物品分开存放；有特殊要求的物料按规定保存。

3. 计量器具管理　血压计（表）、体温计、体重计、压力表、分光光度仪、移液器等等计量器具（详见《单采血浆站技术操作规程（2011 版）》第五章 4 计量器具校验）应定期检定或校准，有合格标识和下一次检定校准日期等。

（三）供血浆者及其档案管理

1. 供血浆者的要求　应是具有（省级卫生计生行政部门）划定的采浆区域内户籍的 18~55（周）岁，固定供血浆者可延长至 60 周岁（超过 55 周岁的在册供血浆者，相邻 2 次供浆间隔不得超过半年）的健康公民。

健康公民：体格检查、血液检测符合《药典》要求，无《药典》规定的不能供浆和暂不能供浆的情况。供浆间隔：同一供血浆者 2 次供血浆间隔不得少于 14 天（某月 1 日供浆，同月 15 日可再次供浆）。

严禁采集非划定区域内供血浆者血浆，严禁采集冒名顶替者及无《供血浆证》者血浆，严禁采集健康检查不合格者血浆，严禁采集超龄者血浆，严禁频繁采集血浆。

2. 身份识别系统　供血浆者身份识别系统运转正常，每次采集血浆前，身份识别确认无误后方可按照规定的程序进行健康检查、血液化验及血浆采集。

3. 检查流程与项目　应按规定对供血浆者进行健康征询、体格检查和血液化验；新供血浆者应先体检血液化验合格后采浆，体格检查合格的固定供血浆者可先采浆后进行血液化验（48 小时内）。

健康询问：询问是否存在《药典》规定的不能供浆和暂不能供浆的情况；

体格检查：体重、血压、脉搏、体温、胸部（心肺）、腹部（肝脾）、皮肤、五官、四肢等；

血液化验：血型（新供血浆者正定型）、血红蛋白、血清（浆）蛋白含量、

ALT、HBsAg、HCV 抗体、HIV-1/2 抗体、梅毒、血清（浆）电泳（采后检、每年1次）。

4.《供血浆证》管理　对合格的供血浆者应建立永久、唯一的供血浆卡号，停止供血浆时，该卡号不得被其他供血浆者使用。《供血浆证》应由县级卫生计生行政部门核发，标识有供血浆者姓名、性别、血型、民族、身份证号码、2年内免冠证件照、家庭住址、建卡日期和编号等；永久淘汰供血浆者应收回供血浆证并加盖永久淘汰章，注明淘汰日期。

5. 供血浆者档案　供血浆者档案资料应齐全（供血浆者基本信息、2年内免冠照、建档日期和供血浆者编号、身份证复印件、X光胸片报告（1年1次）、供血浆自愿书、健康询问、体检、检测及采浆记录、不良反应记录；特免有知情同意书和免疫记录）；合格供血浆者档案应保存至最大供浆年龄期满后10年；永久淘汰供血浆者档案应专柜加锁保管。

6. 四类名册管理　应规范建立供血浆者合格、永久淘汰、暂时拒绝和不予发放《供血浆证》四类名册，并采用计算机管理。

（四）血液检测

1. 检测项目方法　血液化验项目应包括血红蛋白（硫酸铜法，如用其他方法应经比对验证）、丙氨酸氨基转移酶（ALT）（速效法或赖氏法）、血清蛋白含量、乙型肝炎表面抗原（HBsAg）（酶联免疫法）、丙型肝炎病毒抗体（HCV 抗体）（酶联免疫法）、艾滋病病毒抗体（HIV-1 和 HIV-2 抗体）（酶联免疫法）、梅毒、血型（新供血浆者检测）和血清/浆电泳（每年检查一次）。应具有相应的设施、设备及试剂（如艾滋检测试剂至少应当有2种不同原理或不同厂家的试剂）。

2. HIV 复检与送确认　对 HIV 抗体初检呈反应性标本应使用原试剂和不同原理或不同厂家的试剂进行复检；对复检阳性或一阴一阳的报告"HIV 感染待确定"并送确认实验室。

3. 检验记录　应内容真实、项目完整、字迹清楚、记录及时，有操作者和复核者签名；记录内容需更改时，应保持原记录内容清晰可辨，注明更改内容和日期，并在更改处签名；记录应保存10年。

实验室生物安全管理的检查内容参见传染病防治监督培训教材相关内容。

（五）血浆采集

1. 采浆室流程布局　人流、物流分开，工作人员和供血浆者通道分开，洁污通道分开；控制区有明显的警示标识；设有工作人员更衣室、候采区、采后休息区和观察处理室；每台单采血浆机（含采血浆用床/椅）净使用面积不少于 5m²，并有单独专用电源插座。

2. 采浆前进行身份审核和放行管理　采浆前应对供浆员进行身份识别

并进行审核放行管理(新供血浆者应先检后采,固定供血浆者可先采后检;同一供血浆者2次供血浆间隔不得少于14天)。

3. 血浆采集 每人每次采浆量不得超过580 ml(含抗凝剂溶液,以容积比换算重量比不超过600 g);及时准确填写采浆记录,并可追溯。

4. 采浆药械及不良反应处置 采浆观察处置室应按照《单采血浆站基本标准》配置抢救设施与药械;抢救药械应分类存放、标识明显,并在有效期内。采浆室现场应有医师巡视,对供浆员的不良反应进行规范处置和登记。

5. 采浆室环境管理 对采浆室空气、设备、物表进行定期清洁消毒,并建立消毒记录;每季度对采浆室空气与采浆护士手进行消毒效果检测,结果符合《医院消毒卫生标准》Ⅲ类环境要求。

(六)血浆储存供应与标本管理

1. 储存设施设备 应配备速冻机或 -70℃以下低温冰箱或具备制冷能力达 -35℃的速冻冷库;有自动连续温度记录装置和温度失控报警装置,并设有第二温度监控设备(如普通温度计);定期化霜和清洁。血浆储存设施专人管理,防止原料血浆非授权的挪动使用。

2. 血浆包装与标签 标签(浆站名称,供浆者姓名、编号或条形码,血浆重量、血浆类型、采集日期、血浆编号、有效期、储存条件)黏性好不易脱落;标本管血浆、编号与血浆袋一致;血浆标本管与血浆袋相通。

3. 血浆入库管理 采集后的原料血浆必须单人份在6小时内速冻保存,严禁混浆。刚入库的浆袋平放,袋袋间、层层间有一定空间;及时填写入库记录(项目至少包括入库时间、血浆数量、血浆编号范围、操作人和复核人签名)。

4. 血浆储存管理 冻结的原料血浆在 -20℃以下贮存;有自动监测温度记录和手工温度记录(每日人工定时检查普通温度计并记录温度2次,如自动温度记录仪损坏,可增加一次夜间人工温度检查并记录)。

5. 血浆出库管理 单采血浆站只能向与其签订质量责任书的血液制品生产单位供应原料血浆;应建立出库管理制度与登记,登记有可追溯性(可以追溯到供血浆者和供血过程)。

6. 标本保存 每份血浆其标本的保存期应不少于血液制品生产投料后2年。

(七)不合格血浆及标本等废物的管理

不合格血浆(或血液标本)、质控品、病原体培养基等高危险废物,交医疗废物处置单位处置前应就地消毒;实验室含活性高致病性生物因子的废物(如艾滋病病毒抗体检测阳性标本等)应在实验室内消毒灭菌;实验室产生的感染性或潜在感染性废弃液(如洗板水)应倒入指定容器中经高压蒸汽消毒或适宜消毒剂消毒处理后进入污水处理系统。不合格血液、血浆及血液标本应建立管理台账、销毁申请表、处理记录。内容至少应包括血浆及标本编号、份数、申请部门、申请人、复核人、审批意见、销毁处理记录、日期、方法、操作人等内容 [依据《实验室生物安全通用要求》(GB 19489—2008) 7.19.12/7.19.13；《医疗废物管理条例》第十九条第二款;《单采血浆站技术操作规程 2011 版》第二章 5.3.1,第七章 2.2 /3.2.4]。

注意供血浆者艾滋病、乙肝、丙肝等检测结果为阳性的,其在检疫期(3 个月)内所供的所有血浆应按不合格血浆处置。

(八)其他

1. 工作记录　各业务岗位的工作记录内容真实、项目完整、记录及时、有操作者签名,内容更改规范(保持原记录内容清晰可见,注明更改内容、日期、更改人)。血浆采集、检测和供浆的原始记录至少保存 10 年。

2. 传染病疫情报告、医疗废物管理及消毒管理　参见传染病防治监督培训教材相关内容 [注意:根据原卫生部《传染病信息报告管理规范(2015 版)》及《艾滋病和艾滋病病毒感染诊断标准》(WS 293—2008)相关规定,采供血机构应在接到艾滋病检测确证实验室 HIV 抗体确证实验阳性的报告后 24 小时内进行传染病网络报告或寄出传染病报告卡]。

二、违法行为的处理

(一)机构人员资质方面

1. 未取得《单采血浆许可证》擅自采集原料血浆的(包括:①未取得《单采血浆许可证》擅自开展采供原料血浆活动的;②《单采血浆许可证》已被注销或者吊销仍开展采供原料血浆活动的;③《单采血浆许可证》有效期满未再次登记仍开展采供原料血浆活动的;④租用、借用、出租、出借、变造、伪造《单采血浆许可证》开展采供原料血浆活动的),违反了《血液制品管理条例》第五条、《单采血浆站管理办法》第十四条、第十六条、第十七条、第十八条第二款的规定,依据《血液制品管理条例》第三十四条、《单采血浆站管理办法》第六十一条进行处罚;构成犯罪的追究刑事责任。

2. 新建、改建或者扩建一级、二级实验室未向设区的市级人民政府卫生主管部门备案的,违反了《病原微生物实验室生物安全管理条例》第二十五条规定,依据《病原微生物实验室生物安全管理条例》第六十条第四项进行处罚。

3. 工作人员未取得相关岗位执业资格或者未经执业注册从事采供血浆工作的,违反了《单采血浆站管理办法》第三十四条第一款的规定,依据《单采血浆站管理办法》第六十二条第五项进行处罚。

(二)设备物料管理方面

1. 使用未取得产品批准文号和国家药品生物制品检定机构逐批检定合格的体外诊断试剂,或使用未取得产品批准文号的一次性采血浆器材的,违反了《血液制品管理条例》第十五条第一款、《单采血浆站管理办法》第四十四条的规定,依据《血液制品管理条例》第三十五条第六项、《单采血浆站管理办法》第六十三条第一款第六项进行处罚。

2. 单采血浆站重复使用一次性采血浆器材的,违反了《血液制品管理条例》第十五条第二款的规定,依据《血液制品管理条例》第三十五条第十项进行处罚。

(三)供血浆者及其档案管理方面

1. 单采血浆站未按照国务院卫生行政部门颁布的健康检查标准对供血浆者进行健康检查和血液化验的,违反了《血液制品管理条例》第十条第一款、《单采血浆站管理办法》第二十三条第一款的规定,依据《血液制品管理条例》第三十五条第一项、《单采血浆站管理办法》第六十三条第一款第一项进行处罚。

2. 采集非划定区域内的供血浆者或者其他人员的血浆的,违反了《血液制品管理条例》第七条第二款、第九条第二款及《单采血浆站管理办法》第三十条第四款的规定,依据《血液制品管理条例》第三十五条第二项进行处罚。

3. 不对供血浆者进行身份识别,采集冒名顶替者、健康检查不合格者或者无《供血浆证》者的血浆的,违反了《血液制品管理条例》第十二条第一款、第二款及《单采血浆站管理办法》第二十九条、第三十条第四款规定,依据《血液制品管理条例》第三十五条第二项进行处罚。

4. 对供血浆者未履行事先告知义务,或未经供血浆者同意开展特殊免疫的,违反了《单采血浆站管理办法》第二十八条的规定,依据《单采血浆站管理办法》第六十二条第二项进行处罚。

5. 未按照规定建立供血浆者档案管理及屏蔽、淘汰制度的,违反了《单采血浆站管理办法》第二十五条、第三十一条的规定,依据《单采血浆站管理办法》第六十二条第三项进行处罚。

6. 涂改、伪造、转让《供血浆证》的,违反了《血液制品管理条例》第十一条的规定,依据《血液制品管理条例》第三十七条进行处罚。

(四)血液检测与血浆采集方面

1. 采集血液前未按照《药典》规定进行血液化验的,违反了《血液制品管理条例》第十二条第一款、《单采血浆站管理办法》第二十三条第一款的规定,依据《血液制品管理条例》第三十五条第一项、《单采血浆站管理办法》第六十三条第一款第一项进行处罚。

2. 单采血浆站对国家规定检测项目检测结果呈阳性的血浆不清除、不及时上报的,依据《血液制品管理条例》第三十五条第八项进行处罚。

3. 单采血浆站违反国务院卫生行政部门制定的血浆采集技术操作标准

和程序,过频过量采集血浆的,违反了《血液制品管理条例》第十二条第一款和《单采血浆站管理办法》第三十条第二款、第三款的规定,依据《血液制品管理条例》第三十五条第三项和《单采血浆站管理办法》第六十三条第一款第三项进行处罚。

4. 单采血浆站未使用单采血浆机械进行血浆采集的,违反了《血液制品管理条例》第十四条第一款的规定,依据《血液制品管理条例》第三十五条第五项进行处罚。

(五)血浆储存供应与标本管理方面

1. 单采血浆站未按照国家规定的卫生标准和要求包装、储存、运输原料血浆的,违反了《血液制品管理条例》第十六条和《单采血浆站管理办法》第四十二条的规定,依据《血液制品管理条例》第三十五条第七项和《单采血浆站管理办法》第六十三条第一款第七项进行处罚。

2. 单采血浆站向医疗机构直接供应原料血浆或者擅自采集血液的,违反了《血液制品管理条例》第十三条的规定,依据《血液制品管理条例》第三十五条第四项进行处罚。

3. 单采血浆站向与其签订质量责任书的血液制品生产单位以外的其他单位供应原料血浆的,违反了《血液制品管理条例》第十三条的规定,依据《血液制品管理条例》第三十五条第十一项进行处罚。

4. 单采血浆站已知其采集的血浆检测结果呈阳性,仍向血液制品生产单位供应的,违反了《血液制品管理条例》第三十六条、《单采血浆站管理办法》第四十三条第二款、第四十八条的规定,依据《血液制品管理条例》第三十六条、《单采血浆站管理办法》第六十四条进行处罚。

5. 单采血浆站擅自出口原料血浆的,违反了《血液制品管理条例》第十九条的规定,依据《血液制品管理条例》第四十二条进行处罚。

6. 单采血浆站未按照规定保存血浆标本的,违反了《单采血浆站管理办法》第三十九条的规定,依据《单采血浆站管理办法》第六十二条第七项进行处罚。

(六)其他

1. 单采血浆站对污染的注射器、采血浆器材及不合格血浆等不经消毒处理,擅自倾倒,污染环境,造成社会危害的,违反了《血液制品管理条例》第十七条和《单采血浆站管理办法》第四十条的规定,依据《血液制品管理条例》第三十五条第九项、《单采血浆站管理办法》第六十三条第一款第八项进行处罚。

2. 单采血浆站未按照规定制订各项工作制度或者工作制度不落实的,违反了《单采血浆站管理办法》第三十三条的规定,依据《单采血浆站管理办法》第六十二条第四项进行处罚。

3. 单采血浆站不按照规定记录或者保存工作记录的，违反了《单采血浆站管理办法》第三十五条的规定，依据《单采血浆站管理办法》第六十二条第六项进行处罚。

4. 单采血浆站隐瞒、阻碍、拒绝卫生行政部门监督检查或者不如实提供有关资料的，违反了《单采血浆站管理办法》第五十六条第一款的规定，依据《单采血浆站管理办法》第六十二条第一项进行处罚。

5. 单采血浆站违反国家有关传染病报告、消毒管理、医疗废物管理、实验室生物安全管理等相关法律法规规定的，依据《中华人民共和国传染病防治法》《医疗废物处理条例》《病原微生物实验室生物安全管理条例》《消毒管理办法》等相关法律法规进行处罚（详见传染病防治监督培训教材）。

（七）情节严重的相关认定

《单采血浆站管理办法》第六十三条第二款规定有以下情形之一的，按照情节严重予以处罚，并吊销《单采血浆许可证》：（一）对国家规定检测项目检测结果呈阳性的血浆不清除并不及时上报的；（二）12个月内2次发生《血液制品管理条例》第三十五条所列违法行为的；（三）同时有《血液制品管理条例》第三十五条3项以上违法行为的；（四）卫生行政部门责令限期改正而拒不改正的；（五）造成经血液途径传播的疾病传播或者造成其他严重伤害后果的。

第五节 医疗机构临床用血的监督

一、监督检查的主要内容

（一）组织与制度建设情况

1. 临床用血管理委员会或工作组的设立情况 二级以上医院和妇幼保健院应当设立临床用血管理委员会，负责本机构临床合理用血管理工作；其他医疗机构应当设立临床用血管理工作组，并指定专（兼）职人员负责日常管理工作。

2. 输血科（血库）的设置情况 二级以上医院应设置独立的输血科（血库），不具备条件设置输血科（血库）的医疗机构，应安排专（兼）职人员负责临床用血工作。

3. 输血科工作人员资质情况 输血科负责血液收领，发放人员应为医务人员，从事相关检测的人员应取得医学检验资格或职称。

4. 临床用血管理制度的建立情况 应建立血液发放和输血核对工作制度、临床用血申请管理制度、临床用血医学文书管理制度、临床合理用血评价和公示制度、临床用血不良事件监测报告制度、医务人员临床用血和无偿献血知识培训制度、应急用血工作预案等；开展贮存式自身输血、急性等容血液稀释、回收式自身输血等自体输血的应建立并完善相应管理制度和技术规范。

5. 合理用血培训与评价　医院应对医务人员开展临床用血和无偿献血知识的培训，开展临床合理用血评价和公示。

（二）用血计划与血液来源

1. 医疗机构应建立用血计划，并在一年内对计划实施情况进行评估和考核。

2. 医疗机构临床用血应由卫生计生行政部门指定血站提供。

3. 医疗机构科研用血及医疗机构之间调剂血液应经省级卫生行政部门核准。

4. 应急临时采集血液符合相关要求（危及生命急需输血；无法及时从血站或其他医疗机构取得；具备交叉配血和经血传播病毒检测能力；遵守采供血操作规程和标准），并于 10 日内报县级以上卫生行政部门。

（三）血液运输及出入库管理

1. 血液运输　宜符合《血液运输要求》（WS/T 400—2012）：血液运血箱保温性能经确认后使用；不同运输温度要求的血液分箱转载；运输温度符合要求：全血及红细胞悬液等 2~10℃，冰冻血浆冰冻状态，血小板尽可能 20~24℃；有可追溯的运输记录。

2. 血液入库验收　应核对验收运输条件、物理外观、血袋封闭及包装，血袋标签（血站的名称；献血编号或者条形码；血型；血液品种；采血日期及时间或者制备日期及时间；有效期及时间；储存条件），并做好登记。

3. 血液储存　应符合《血液储存要求》（WS 399—201）：储血设施应专用，并有可视温度显示和温度超限声光报警；血液储存温度（全血及红细胞成分血 2~6℃，血浆类低于 –18℃，血小板 20~24℃并持续轻缓振荡）和保存期限符合要求，有温度监控记录（使用人工监控的，至少每 4 小时监测记录温度 1 次；使用自动温度监测管理系统的，至少每日人工记录温度 2 次，两次时间间隔 8 小时以上）。温度监控记录至少保存至血液发出后 1 年。

4. 储血设备管理　血液应按不同品种、血型和采血日期（或有效期），分别有序存放在专用储藏设施内，并有明显标识；储血冰箱每周消毒 1 次有记录；储血冰箱内空气培养每月至少 1 次，无霉菌生长或培养皿（90 mm）细菌生长菌落 < 8 CFU/10 min 或 < 200 CFU/m^3。

5. 血液发放　配血合格后，应由医护人员到输血科取血；取、发血双方共同核对相关项目（患者姓名、性别、病案号、门（急）诊 / 病室、床号、血型、血液有效期及配血试验结果以及保存血的外观等）并签字；血液发出后不得退回；受供血者的血样保存于 2~6℃冰箱至少 7 天。

医疗机构不得出卖无偿献血的血液。

6. 血液库管资料管理　血液出入库、核对、领发的登记,有关资料应保存10年。

(四)临床输血管理

1. 输血告知　输血治疗前应向患者或者其近亲属说明输血目的、方式和风险,并签署临床输血治疗知情同意书(紧急情况不能取得患者及其近亲属意见时,可医疗机构负责人或授权的负责人批准)。注意关注开展自体输血是否告知,术中自体输血未使用输血治疗知情同意书中告知的,查手术和麻醉告知书中是否有自体输血告知的相关内容。

2. 输血申请　非紧急用血的备血申请手续完备(由中级以上职称医师提出输血申请,同一患者一天申请备血量少于800 ml 的由上级医师核准签发;备血量在 800~1600 ml 的由上级医师审核,科主任核准签发;超过 1600 ml 的科主任核准签发后,报医务部门批准)。

3. 输血前检查　对受血者做输血前常规项目检查(血型、血红蛋白、HCT、血小板、ALT、HBsAg、Anti-HBsAg、HBeAg、Anti-HBe、Anti-HBc、Anti-HCV、Anti-HIV1/2、梅毒)。

4. 输血相容性检测　复查受血者和供血者 ABO 血型(正、反定型)、Rh 血型检测、交叉配血试验;并按规定开展抗体筛查试验(交叉配血不合时,有输血史、妊娠史或短期内需多次输血者);受血者配血试验的血标本应是输血前3天之内的。

5. 血液输注及核对　取回临床科室的血液应尽快输注(全血、成分血和其他血液制品应从血库取出后 30 分钟内输注,1 个单位的全血或成分血应在4 小时内输完),不得自行储血。输血前和输血时应由 2 名医护人员核对交叉配血报告、血袋标签内容、血袋包装及血液颜色、患者信息等正确无误后进行输注。

6. 输血不良反应的处理　发生临床用血不良事件后,按照规定进行报告、分析,提出处理和改进措施。有输血不良反应的应填写输血反应回报单返输血科保存,输血科每月统计报医务科。

7. 输血医疗文书书写与管理　将患者输血适应证的评估、输血过程和输血后疗效评价记入病历;临床输血治疗知情同意书、输血记录单(交叉配血报告单)随病历保存;临床输血申请单、患者输血反应回报单在输血科(血库)保存。注意关注病历中临时医嘱、输血记录单、病程记录、护理记录、手术记录、麻醉记录中有关输血记录是否相符,关注自体输血病历中是否有自体输血的相关记录。

8. 血袋保存　输血完毕后,空血袋应低温保存 24 小时之后按医疗废物处理。

二、违法行为的处理

（一）组织与制度建设方面

1. 未设立临床用血管理委员会或者工作组的，违反了《医疗机构临床用血管理办法》第八条的规定，依据《医疗机构临床用血管理办法》第三十五条第一项进行处理。

2. 未建立血液发放和输血核对制度的，违反了《医疗机构临床用血管理办法》第十七条的规定，依据《医疗机构临床用血管理办法》第三十五条第三项进行处理。

3. 未建立临床用血申请管理制度的，违反了《医疗机构临床用血管理办法》第二十条的规定，依据《医疗机构临床用血管理办法》第三十五条第四项进行处理。

4. 未建立医务人员临床用血和无偿献血知识培训制度的，违反了《医疗机构临床用血管理办法》第二十九条的规定，依据《医疗机构临床用血管理办法》第三十五条第五项进行处理。

5. 未建立科室和医师临床用血评价及公示制度的，违反了《医疗机构临床用血管理办法》第三十条第一款的规定，依据《医疗机构临床用血管理办法》第三十五条第六项进行处理。

6. 将经济收入作为对输血科或者血库工作的考核指标的，违反了《医疗机构临床用血管理办法》第三十条第二款的规定，依据《医疗机构临床用血管理办法》第三十五条第七项进行处理。

7. 未设置输血科（血库）也未安排专（兼）职人员负责临床用血工作的，违反了《医疗机构临床用血管理办法》第十条的规定，依据《医疗机构临床用血管理办法》第三十五条第八项进行处理。

8. 医疗机构使用非医疗卫生专业技术人员从事输血科专业技术工作的（包括输血科检验人员未取得相应资格或职称的），违反了《医疗机构管理条例》第二十八条、《医疗机构管理条例实施细则》第八十一条及第八十八条、《医疗机构临床实验室管理办法》第十二条的规定，依据《医疗机构管理条例》第四十八条，责令限期改正，并可以处以5000元以下的罚款；情节严重的，吊销其《医疗机构执业许可证》。

（二）用血计划与血液的来源方面

1. 未拟定临床用血计划或者一年内未对计划实施情况进行评估和考核的，违反了《医疗机构临床用血管理办法》第十四条的规定，依据《医疗机构临床用血管理办法》第三十五条第二项进行处理。

2. 医疗机构使用未经卫生行政部门指定的血站供应的血液的，违反了

《医疗机构临床用血管理办法》第十三条第一款的规定,依据《医疗机构临床用血管理办法》第三十六条进行处罚。

3. 医疗机构违反应急用血采血规定的,违反了《医疗机构临床用血管理办法》第二十七条第二款的规定,依据《医疗机构临床用血管理办法》第三十七条进行处罚。

4. 医疗机构未经省级卫生行政部门核准擅自使用科研用血的,违反了《医疗机构临床用血管理办法》第十三条第二款规定,依据《医疗机构临床用血管理办法》第三十五条第八项进行处理。

5. 医疗机构未经批准擅自从其他医疗机构调剂血液的,违反了《医疗机构临床用血管理办法》第二十六条第二款的规定,依据《医疗机构临床用血管理办法》第三十五条第八项进行处理。

(三)血液出入库管理方面

1. 医疗机构将血袋标签不合格的血液入库的,违反了《医疗机构临床用血管理办法》第十六条第三款的规定,依据《医疗机构临床用血管理办法》第三十五条第八项进行处理。

2. 医疗机构临床用血的储存不符合国家规定的卫生标准和要求的(如:储血设施不能正常运转、储血温度不符合卫生标准和要求、未做好血液储藏温度监测和记录、储血设施未设置温度超限报警装置等),违反了《中华人民共和国献血法》第十二条的规定,依据《中华人民共和国献血法》第二十条进行处罚。

《血液运输要求》(WS/T 400—2012)为卫生行业推荐性标准,医疗机构血液运输不符合该标准的,不宜依据《献血法》第二十条进行处罚。

3. 医疗机构出售无偿献血的血液的,违反了《中华人民共和国献血法》第十一条的规定,依据《中华人民共和国献血法》第十八条第二项进行处罚。

(四)临床输血管理方面

1. 临床用血申请不符合要求的(如初级职称医师提出申请、三级审核程序不符合要求等),违反了《医疗机构临床用血管理办法》第二十条第二款、第三款、第四款的规定,依据《医疗机构临床用血管理办法》第三十五条第八项进行处理。

2. 输血治疗前未按规定经当事人知情同意或者未经负责人批准后,实施输血治疗的,违反了《医疗机构临床用血管理办法》第二十一条的规定,依据《医疗机构临床用血管理办法》第三十五条第八项进行处理。

3. 临床用血医学文书书写与管理不符合要求(如:医师未将患者输血适应证的评估、输血过程和输血后疗效评价情况记入病历;未按照规定将输血相关情况记入病历,并完整保存输血文书等)的,违反了《医疗机构临床用血管理办法》第二十八条的规定,依据《医疗机构临床用血管理办法》第三十五条第八项进行处理。

第六节 相 关 知 识

一、血液监督相关标准

血液相关国家标准和卫生行业标准是血液安全监管法律体系的重要组成部分,是卫生计生监督执法的重要依据(见表10-2)。

表 10-2 现行有效的血液监督相关标准

序号	名称与编号	属性	发布时间	实施时间
1	献血者健康检查要求(GB 18467—2011)	强制性	2011-12-30	2012-07-01
2	全血及成分血质量要求(GB 18469—2012)	强制性	2012-05-11	2012-07-01
3	血液储存要求(WS 399—2012)	强制性	2012-12-03	2013-06-01
4	输血医学常用术语(WS/T 203—2001)	推荐性	2001-07-20	2002-01-01
5	血液冷藏箱(GB/T 21278—2007)	推荐性	2007-12-06	2008-09-01
6	血液运输要求(WS/T 400—2012)	推荐性	2012-12-03	2013-06-01
7	献血场所配置要求(WS/T 401—2012)	推荐性	2012-12-03	2013-06-01

二、血站

血站是指不以营利为目的,采集、提供临床用血的公益性卫生机构。血站分为一般血站和特殊血站。一般血站包括血液中心、中心血站和中心血库。特殊血站包括脐带血造血干细胞库和原卫生部根据医学发展需要批准、设置的其他类型血库。

三、献血场所

献血场所分为固定献血场所、临时献血场所和献血车3种类型。固定献血场所是指设立在建筑物内部的专用献血场所,包括血站住所内的献血室和血站住所以外的献血屋。临时献血场所是指在机关、企事业单位和社会团体等的住所内临时设立的献血场所。献血车是指提供车上献血服务的专业车辆。关于献血场所的具体要求见卫生行业标准《献血场所配置要求》(WS/T 401—2012)。

四、血液成分制备

血液成分制备是用离心分离、照射、过滤及光化学等方法制备各种血液成分,包括红细胞、白细胞、血小板、血浆和冷沉淀凝血因子制品等。

五、单采血浆站

单采血浆站是指根据地区血源资源,按照有关标准和要求并经严格审批设立,采集供应血液制品生产用原料血浆的单位。其具有单一供给、区域采集、有偿性、非最终产品的特点。

六、供血浆者

供血浆者是指提供血液制品生产用原料血浆的人员。《中华人民共和国药典》(2015版)将供血浆者分为新供浆者和固定供血浆者。新供血浆者包括第一次供血浆及2次供血浆间隔超过半年以上者;固定供血浆者指半年内按照规定采浆间隔供浆2次及2次以上的供血浆者。

《中华人民共和国药典》(2015版)规定,新供血浆者应在供血浆前进行血液检测,化验结果有效期14天。对固定供血浆者的血液检测可在采浆后留样检测,检测时间应在供血浆后48小时内。

七、医疗机构临床用血

医疗机构以临床治疗为目的,将指定血站申请的血液、紧急情况向他人采集的血液、术前或术中向患者采集或回收的血液,输入患者血管内的过程。这一过程涉及血液预订、接收、入库、储存、出库、输血适应证评估、输血知情同意、输血申请与检测、血液输注管理与效果评价、不良事件监测处理以及合理用血评价等一系列医疗活动。

八、成分输血

血液由不同的血细胞和血浆组成。将供者血液的不同成分应用科学方法分开,依据患者病情的实际需要,分别输入有关血液成分,称为成分输血。成分输血具有疗效好、副作用小、节约血液资源以及便于保存和运输等优点。

《全血与成分血质量要求》(GB 18469—2012)中推荐的成分血有19个品种。临床最常用的成分血有:悬浮红细胞、少白细胞红细胞、新鲜冰冻血浆、冰冻血浆、冷沉淀凝血因子、单采血小板等。

九、自体输血

自体输血是指输入患者自己预先储存的血液或失血回收的血液。具体讲，是根据患者的基本情况和病情，在手术前或者手术中采集或收集患者自身的血液，经适当的保存或处理后回输给患者，以达到治疗目的的临床输血方法。这种输血方式可避免输异体血可能造成的经血源传播性疾病和免疫抑制。

自体输血的主要包括贮存式自身输血、急性等容血液稀释（ANH）及回收式自身输血3种方式。

贮存式自身输血：择期手术前2~3周内采集患者自身的血液进行保存，并在需要时输注。

急性等容血液稀释（ANH）：一般在麻醉后、手术主要出血步骤开始前，抽取患者一定量自身血液在室温下保存备用，同时输入胶体液或等渗晶体补充血容量，使血液适度稀释，降低红细胞压积，使手术出血时血液的有形成分丢失减少。然后根据术中失血及患者情况将自身血回输给患者。

回收式自身输血：回收式自身输血是指利用血液回收装置，将患者体腔内积血、手术失血或术后引流血液进行回收、抗凝、滤过和洗涤等处理，然后在需要时回输给患者本人。

《医疗机构临床用血管理办法》中规定，医疗机构应当积极推行节约用血的新型医疗技术。三级医院、有条件的二级医院和妇幼保健院应当开展自体输血技术，建立并完善管理制度和技术规范，提高合理用血水平，保证医疗质量和安全。医疗机构应当动员符合条件的患者接受自体输血技术，提高输血治疗效果和安全性。

第十一章

医疗事故处理与卫生监督

第一节 医疗事故的定义及分级

一、医疗事故

根据《医疗事故处理条例》(以下简称《条例》)规定,"医疗事故"是指医疗机构及其医务人员在医疗活动中,违反医疗卫生管理法律、行政法规、部门规章和诊疗护理规范、常规,过失造成患者人身损害的事故。它的构成要件主要包括以下几个方面:

(一)主体是医疗机构及医务人员

"医疗机构"是按照《医疗机构管理条例》的规定,取得《医疗机构执业许可证》的机构。"医务人员"是指依法取得执业资格的医疗卫生专业技术人员,如医师和护士等。"医疗事故"发生在医疗机构及其医务人员进行的医疗活动中,不是所有发生在医疗机构中的事故一定是医疗事故,如医院发生火灾致患者死亡,护工给患者喂食不当导致患者死亡等,因不是医疗活动引起的,就不是医疗事故。

(二)医疗行为具有违法性

"医疗事故"的发生是因为医疗机构及医务人员违反了相应的规定,这些规定包括医疗卫生管理法律、行政法规、部门规章和诊疗护理规范、常规等。如《执业医师法》《传染病防治法》《母婴保健法》以及《医疗机构管理条例》等。

(三)过失造成患者人身损害后果

医疗机构及医务人员在进行医疗活动中,由于违反了医疗卫生管理法律、行政法规、部门规章和诊疗护理规范、常规,造成患者不同程度的损害后果。根据不同的损害后果的程度,分为不同的医疗事故等级。这里要注意两点:一是医务人员没有伤害患者的主观故意;二是对患者造成了实际的损害后果。

（四）过失行为和损害后果之间有因果关系

"医疗事故"，必须是医疗机构或医务人员的过失行为，导致发生了损害后果。如果损害后果，并非医疗机构或医务人员的过失行为引起，不能列入医疗事故。在实践中要确定过失行为与损害后果之间的因果关系并不容易，主要是因为患者病情的复杂性和动态变化性，目前医学科学的局限性及不可预测性，以及一些新技术、新产品对患者造成何种影响有待于进一步研究等诸多因素影响，所以在实践中较难确定过失行为和损害后果之间的因果关系。

二、医疗事故分级

《条例》第四条：根据对患者人身造成的损害程度，医疗事故分为四级：

一级医疗事故：造成患者死亡、重度残疾的。

二级医疗事故：造成患者中度残疾、器官组织损伤导致严重功能障碍的。

三级医疗事故：造成患者轻度残疾、器官组织损伤导致一般功能障碍的。

四级医疗事故：造成患者明显人身损害的其他后果的。

第二节　医疗事故技术鉴定

当医疗活动中发生或者发现医疗事故、可能引起医疗事故的医疗过失行为或者发生医疗事故争议的，对需要进行医疗事故技术鉴定的，应当交由负责医疗事故技术鉴定工作的医学会组织鉴定。医疗事故技术鉴定分为首次鉴定和再次鉴定，设区的市级和省、自治区、直辖市直接管辖的县（市）级地方医学会负责组织专家鉴定组进行首次医疗事故技术鉴定，省、自治区、直辖市地方医学会负责组织医疗事故争议的再次鉴定工作。医学会组织专家鉴定组，依照医疗卫生管理法律、行政法规、部门规章和诊疗护理技术操作规范、常规，运用医学科学原理和专业知识，独立进行医疗事故技术鉴定。医疗事故技术鉴定工作应当按照程序进行，坚持实事求是的科学态度，做到事实清楚、定性准确、责任明确。

一、鉴定的提起

卫生行政部门接到医疗机构关于重大医疗过失行为的报告，或者医疗事故争议当事人要求处理医疗事故争议的申请后，对需要进行医疗事故技术鉴定的，应当交由负责医疗事故技术鉴定工作的医学会组织鉴定；医患双方协商解决医疗事故争议，需要进行医疗事故技术鉴定的，由双方当事人共同委托负责医疗事故技术鉴定工作的医学会组织鉴定。当事人对首次医疗事故技术鉴定结论不服的,可以自收到首次鉴定结论之日起 15 日内向医疗机构所在地卫生行政部门提出再次鉴定的申请。

二、鉴定的受理

医学会应当自受理医疗事故技术鉴定之日起 5 日内,通知医疗事故争议双方当事人按照《条例》第二十八条规定提交医疗事故技术鉴定所需的材料。当事人应当自收到医学会的通知之日起 10 日内提交有关医疗事故技术鉴定的材料、书面陈述及答辩。

三、专家鉴定组的组成

医学会应当根据医疗事故争议所涉及的学科专业,确定专家鉴定组的构成和人数。专家鉴定组人数应为 3 人以上单数。医疗事故争议涉及多学科专业的,其中主要学科专业的专家不得少于专家鉴定组成员的1/2。

四、医疗事故技术鉴定

医学会应当自接到双方当事人提交的有关医疗事故技术鉴定的材料、书面陈述及答辩之日起 45 日内组织鉴定并出具医疗事故技术鉴定书。

五、鉴定结论

专家鉴定组在事实清楚、证据确凿的基础上,实事求是地作出鉴定结论,并制作医疗事故技术鉴定书。鉴定结论以专家鉴定组成员的过半数通过,鉴定过程应当如实记载。专家鉴定组成员在鉴定结论上签名,对鉴定结论的不同意见,应当予以注明。

第三节 医疗事故预防与处理的卫生监督

为了正确处理医疗事故,保护患者和医疗机构及其医务人员的合法权益,维护医疗秩序,保障医疗安全,《条例》专章规定了医疗机构对医疗事故的预防与处置、卫生行政部门对医疗事故的行政处理与监督以及罚则等内容。从法律层面赋予卫生行政部门对医疗事故的预防、处理实施必要的卫生监督权力。

一、对预防医疗事故的卫生监督

主要对医疗机构是否开展以下 4 个方面的工作进行监督:
1. 是否开展培训教育。
2. 是否设置机构和专(兼)职人员。

3. 是否制定预案。

4. 医疗活动中是否履行告知义务和遵守病历书写、保管规定。

通过现场检查、询问调查、听取汇报等，收集相关资料，制作询问笔录、现场笔录、拍照、录音录像等证据，确定违法事实。

二、对发生医疗事故后的卫生监督

卫生行政部门接到医疗机构关于重大医疗过失行为的报告后，除责令医疗机构及时采取必要的医疗救治措施，防止损害后果扩大外，应当组织调查，判定是否属于医疗事故；对不能判定是否属于医疗事故的，应当交由负责医疗事故技术鉴定工作的医学会组织鉴定。发生医疗事故后的监督，主要包括发生医疗事故的主体和如何发生医疗事故两个方面：

（一）主体调查（包括医务人员和医疗机构两个方面）

对医务人员个人情况及相关执业资格情况进行调查，可通过核查身份证、相关执业证书或证明的方法，调查当事人姓名、性别、执业地点以及执业资格信息；调查相关医务人员与医疗机构之间的关系，如人事档案、工资表（单）、聘用合同等。对医疗机构进行调查，通过核查《医疗机构执业许可证》《事业单位法人证书》《组织机构代码证》《营业执照》等，调查医疗机构的执业相关信息。

（二）事故调查

对如何发生医疗事故的调查，一是现场检查，通过现场检查，记录、收集、固定与发生医疗事故有关的病历资料如手术记录、医嘱、护理记录、处方、收费单等书面资料；二是询问调查，通过询问医务人员、医疗机构负责人、患者及其他相关人员，了解医疗事故发生的时间、地点、过程、对象，使用的药品、器械、技术手段等以及检查医务人员的医疗活动是否符合医疗卫生管理法律、法规、规章和诊疗护理规范、常规要求，确定责任主体；三是审核医疗事故（判定书）技术鉴定书，了解医疗事故的发生、等级、责任等基本情况。

通过收集、调取相关病历资料、医疗事故（判定书）技术鉴定书、医疗机构和人员的身份、资质证书等相关证据材料；制作询问笔录、现场笔录、拍照、录音录像等证据，确定违法事实。

三、医疗事故的行政责任追究

当医疗机构发生医疗事故后，卫生行政部门应当依法对发生医疗事故的医疗机构和医务人员作出行政处理。按照《条例》规定，发生医疗事故后的行政责任追究分为机构和个人2个方面，行政责任的形式有行政处分和行政处罚2种。

（一）医疗机构

《条例》规定医疗机构发生医疗事故的，卫生行政部门根据医疗事故等级和情节，给予警告、责令限期停业整顿、吊销执业许可证等处罚。

（二）个人

发生医疗事故的个人行政责任追究，《条例》规定了5种对象，分别是医务人员、医疗机构的其他责任人员、医疗技术鉴定人员、医疗机构或者其他有关机构人员和扰乱医疗秩序的人员。医务人员的行政责任追究有行政处分和行政处罚；对医疗事故中负有责任的主管人员和其他直接责任人员有行政处分或者纪律处分；对医疗技术鉴定人员违法的行政责任是吊销执业证书或者资格证书；医疗机构或者其他有关机构人员的行政责任为行政处分或者纪律处分，情节严重的吊销其执业证书或者资格证书；对扰乱医疗秩序人员的行政责任是按照治安管理处罚法进行处罚。

第十二章

无证行医查处工作规范

国家卫生计生委 2016 年 6 月印发了《无证行医查处工作规范》(以下简称《规范》),为规范无证行医查处工作提供依据。《规范》共二十六条,主要内容包括:一是明确了适用范围。二是明确了各级卫生计生行政部门及其监督执法机构查处无证行医工作职责,以及应当建立的各项工作机制制度。三是规定了无证行医案件的立案、调查、取证、处理等各项工作内容、程序和具体要求。四是规定了非法行医涉嫌犯罪案件需要刑事移送的情形以及涉及其他部门职责案件的移交要求。五是明确了卫生计生行政部门及其监督执法机构和监督人员在查处无证行医工作中应当按照监督执法过错责任追究的 6 种情形。六是明确省级卫生计生行政部门可结合本辖区实际制定执行本规范的具体规定。

本章重点介绍《规范》适用范围、无证行医查处职责分工和工作机制、无证行医查处工作程序、执法责任追究等四方面内容。

第一节 《无证行医查处工作规范》适用范围

按照《规范》第二条规定,规范适用于县级以上地方卫生计生行政部门(含中医药管理部门)及其监督执法机构依据法律、法规、规章,对辖区内未经批准擅自开办医疗机构行医的单位和个人进行检查,依法追究其法律责任的行政执法活动。

《规范》第二条列举了 5 种主要无证行医情形:

(一)未取得《医疗机构执业许可证》开展诊疗活动的;

(二)使用伪造、变造的《医疗机构执业许可证》开展诊疗活动的;

(三)《医疗机构执业许可证》被撤销、吊销或者已经办理注销登记,继续开展诊疗活动的;

(四)当事人未按规定申请延续以及卫生计生行政部门不予受理延续或者不批准延续,《医疗机构执业许可证》有效期届满后继续开展诊疗活动的;

（五）法律、法规、规章规定的其他无证行医行为。

需要说明的是：已经被撤销、撤回、吊销的行政许可，有效期届满未延续的行政许可都是无效的！因此，即使行政机关尚未办理注销手续，也不影响行政许可撤销、撤回、吊销等行政处理的法律效力。

另外，部分省市因行政执法体制改革，如天津，将无证行医查处纳入街镇综合执法，由街道办事处、乡镇政府集中行使无证行医行政处罚权，其相应执法活动也适用本规范。

第二节　无证行医查处职责分工和工作机制

一、无证行医查处职责分工

《规范》主要明确了卫生计生行政部门、监督执法机构及其执法人员，还有监督协管员的职责分工。

1. 县级以上地方卫生计生行政部门。负责无证行医查处工作，建立监督协调机制、监督协管工作机制以及无证行医查处公示制度，开展宣传教育活动，增强公众防范意识，畅通投诉举报渠道，强化社会监督。对同级监督执法机构实施考核评估等等。

2. 监督执法机构。在同级卫生计生行政部门领导下承担具体无证行医查处工作任务。

3. 监督协管员。负责日常巡查，发现无证行医案件线索及时报告并协助执法人员依法查处。因此在《规范》落实培训中，一定要向监督协管员特别强调这项工作任务。

二、建立工作保障机制

无证行医查处工作的三大难点，一是部分类型的无证行医行为发现难；二是彻底清除难；三是执法人员现场查处权限不清。为了解决这些难题，《规范》明确规定，要求县级以上地方卫生计生行政部门建立健全无证行医查处保障机制，以攻克上述难题。

（一）建立监督协调机制

实践表明，无证行医查处工作需要多部门协作，内部涉及医政、中医、监督等部门；外部涉及食品药品监督、工商行政管理、公安机关等部门。这就需要建立一套高效运转的协调机制，保障无证行医查处工作的顺利运行。出于此种考虑，《规范》明确规定，由县级以上地方卫生计生行政部门负责建立监督协调机制，负责与其他部门间以及部门内部的沟通协调，为具体监督执法工作创造条件。通过健全协作机制,形成合力,实现彻底清除无证行医目标。

(二)完善社会监督机制

《规范》要求建立运行无证行医查处公示制度;开展宣传教育活动,增强公众防范意识。通过宣传教育,提升公众对无证行医危害的认知,提升自身防范无证行医能力和意识,远离无证行医;通过无证行医查处公示,让公众知晓无证行医查处情况信息,有效避免无证行医危害。通过无证行医危害性宣传,唤醒公众社会责任感和投诉举报意识,强化社会监督,营造利于无证行医查处的社会氛围。

(三)健全无证行医线索收集机制

针对发现难,根据多年无证行医查处工作实践,国家卫生计生委将2项工作机制写入《规范》,一是强制设立并公开投诉举报电话,畅通投诉举报渠道,协助执法部门提供案件线索;二是健全卫生计生监督协管工作机制,有效开展无证行医巡查巡访,收集、报告无证行医案件线索。

(四)明确监督人员执法调查权限

对于无证行医查处工作中,监督人员工作权限问题,一直困扰着一线监督人员,比如如何认识开展现场执法和非法搜查等。对此《规范》第十一条明确规定,监督人员对无证行医案件进行调查时,有权采取以下措施:

1. 向有关单位和个人进行调查、了解情况。

2. 进入无证行医场所进行检查。

3. 查阅、复制、调取与无证行医有关的合同、票据、财务、账簿以及诊疗文书记录等相关资料。

4. 对可能灭失或以后难以取得的证明从事无证行医的药品、器械、工具等相关物品和场所,经行政机关负责人批准,采取证据先行登记保存措施。

5. 法律、法规、规章规定的其他措施。

第三节　无证行医查处工作程序

《规范》规定的无证行医查处工作程序,指的是无证行医个案查处的全部流程,包括行政处罚程序、申请强制执行、案件移送、信息查询与报告等方面内容。尤其在行政处罚程序方面,《规范》在《行政处罚法》和《卫生行政处罚程序》的基础上有所创新,有所突破。

一、案件受理、立案

(一)案件受理

按照《卫生行政处罚程序》第十四条和《规范》第五条第三款规定,对在卫生监督管理中发现；社会举报；上级卫生行政机关交办、下级卫生行政机关报请；有关部门移送；监督协管报告等来源的案件应当及时受理并做好记录。《规范》第十条规定，对社会举报或者日常监督中发现的无证行医案件线索，县级以上地方卫生计生行政部门应当按规定予以受理，并进行核实。但《规范》并未对核查启动时限予以明确规定。建议受理后尽早进行核实。

（二）关于立案

按照《卫生行政处罚程序》第十五条规定，对于受理的案件，有明确的违法行为人或者危害后果、有来源可靠的事实依据、属于卫生行政处罚的范围并属于本机关管辖的案件，应当在 7 日内立案。卫生行政机关对决定立案的应当制作报告，由直接领导批准。《卫生行政执法文书规范》（卫生部令第 87 号）第二十六条规定对批准《立案报告》的"直接领导"进一步明确，即主管卫生行政机关负责人或主管科（处、室）负责人。为提高执法效率，对于因特殊情况需要现场立案的情形，《规范》第十条规定在立案之日起 3 日内补办立案审批手续。

二、调查取证

调查取证是执法实践中重要的环节，只有获取到充分的证据，才能认定违法事实、进而实施行政处罚。针对无证行医查处实践中常见问题，《规范》提出了规范性的解决方案。

（一）进入现场检查应当制作何种执法文书

《规范》第十二条第一款、第十三条、第十七条规定，监督人员对无证行医场所进行现场检查时，应当制作《现场笔录》；对当事人或有关证人进行询问调查时，应当制作《询问笔录》；采取证据先行登记保存措施时，应当制作《证据先行登记保存决定书》；对调查认定属实的无证行医行为，应当依法责令其停止执业活动，并在无证行医场所张贴《公告》。

可见，实施现场检查前，监督人员至少应当准备《现场笔录》《询问笔录》《证据先行登记保存决定书》《卫生监督意见书》《公告》等执法文书。对于使用执法终端制作执法文书的，至少应有《证据先行登记保存决定书》《公告》等执法文书。对于进入现场检查的，至少应当制作《现场笔录》。

（二）当事人拒绝签名如何规范处理

无论是违法行医当事人还是证人，拒绝签名情况在查处无证行医案件中比较常见。《规范》依据《最高人民法院关于行政诉讼证据若干问题的规定》第十五条"根据行政诉讼法第三十一条第一款第（七）项的规定，被告向人民法院提供的现场笔录，应当载明时间、地点和事件等内容，并由执法人员和当事人签名。当事人拒绝签名或者不能签名的，应当注明原因。有其他人在现场的,可由其他人签名。法律、法规和规章对现场笔录的制作形式另有规定的,从其规定。"和《卫生行政处罚程序》第十八条、第十九条规定,明确"对当事人或被询问人拒绝签名的,由 2 名以上监督人员在笔录上签名并注明情况,也可以邀请见证人见证签字"。

因此,面对当事人拒绝签名情况时,现场 2 名监督人员签名即有效,当然要注明情况。可以但不必须邀请见证人签字。

(三)什么情况下对何种物品实施证据先行登记保存措施

按照现行医疗卫生监督法律法规规定,卫生计生行政部门在查处无证行医时,没有实施行政强制措施的权利,一般采取证据先行登记保存的方式,控制药品、器械,以达到制止无证行医行为,控制无证行医危害扩大的目的。证据先行登记保存措施的适用范围:主要是和从事无证行医活动相关的药品、器械等物品;适用条件是:不采取措施有可能灭失或以后难以取得的情形。

(四)实施证据先行登记保存措施的程序与方式

《规范》第十一条、第十三条、第十四条规定,采取证据先行登记保存措施,应当经行政机关负责人批准;监督人员应当制作《证据先行登记保存决定书》,注明指定地点保存或就地保存。需要登记保存的药品、器械等物品不宜当场清点的,监督人员可以使用《封条》先行封装,予以指定地点保存,并告知当事人限期到场拆封清点。

在采取证据先行登记保存措施时,建议尽可能地采取指定地点保存。因为在就地保存情况下,无证行医人仍能控制药品、器械,一旦继续无证行医,责任风险巨大。因此对无证行医涉案药品、器械宜采取指定地点保存方式,最大限度地防止当事人继续非法行医。

(五)证据先行登记保存物品的清点要求

无证行医查处现场《规范》就此问题,结合基层执法实际,给出了具有可操作性的处理措施。

《规范》第十四条规定,对于需要登记保存的药品、器械等物品不宜当场清点的,监督人员可以使用《封条》先行封装,予以指定地点保存,并告知当事人限期到场拆封清点。当事人在规定的期限内不到场,作出证据先行登记保存决定的机关可以自行清点,不影响作出行政处罚决定。自行清点的,应当由 2 名以上监督人员实施,填写物品清单,并签名。在制作《证据先行登记保存决定书》时,可直接注明类似语段:"请你于 ×× 年 ×× 月 ×× 日到 ×× 单位对证据先行登记保存的药品、器械拆封清点,如在规定的期限内不到场,视为你自动放弃清点权利,我委将依据《无证行医查处工作规范》规定,安排监督人员自行清点。"

（六）证据先行登记保存的物品如何处理

基于证据先行登记保存措施的时限要求（即卫生行政机关应当在 7 日内作出处理决定），如何有效处理证据登记保存的物品是执法实践中面临的一个现实问题。《规范》就此问题，结合基层执法实际，给出了具有可操作性的处理措施。

按照《规范》第十五条规定，对先行登记保存的物品，作出证据先行登记保存决定的机关，应当在采取先行登记保存措施之日起 7 日内作出以下处理决定，制作《证据先行登记保存处理决定书》，并告知当事人：

1. 经核查与案件无关的，依法予以退还；

2. 经核查与案件有关的，在实施行政处罚前，根据案件查处需要，作为物证；

3. 作出没收行政处罚决定的，依法予以没收。

其中作为"物证"处理的，《证据先行登记保存处理决定书》中的处理决定可以书写为"由于当事人×××的行为涉嫌违反了××××法律法规，拟于×年×月×日立案，上述先行登记保存的物品作为物证。"

（七）电子数据的固定证据方式

2014 年修正的《行政诉讼法》第三十三条中，增加"电子数据"这一证据种类，明确了电子证据的法定证据的资格。在此基础上，《规范》第十六条针对电子数据这一新的证据形式的取证方式作出规定：如需要调取电脑、电子产品及互联网相关证据等电子数据的，可以转化为书面材料，并注明来源、时间和材料说明；现场不能转化为书面材料的，可以对证据载体采取证据先行登记保存措施。

三、无证行医违法现场处理

现场查处无证行医时，按照《规范》规定，必选动作有 2 个：一是责令立即停止违法执业活动，告知当事人行为违法，命令其停止违法行为；可以使用《卫生监督意见书》。二是公告其行为违法，向社会公众明示，防范无证行医危害扩大、强化社会监督；使用《公告》。

四、既往处罚记录查询

按照《规范》规定，认定无证行医行为，实施行政处罚前，应当登录国家卫生和计划生育监督信息平台，在全国范围查询无证行医人既往被处罚信息。对于因擅自执业曾受过卫生行政部门处罚的，实施行政处罚时，依据《医疗机构管理条例实施细则》第七十七条第一项规定应当从重处罚。非法行医被卫生行政部门行政处罚 2 次以后，再次非法行医的，依法应当移送公安机关追究刑事责任。

五、行政处罚

按照《规范》第十八条规定，对违法主体明确、事实清楚、证据充分的无证行医单位和个人，县级以上地方卫生计生行政部门应当依法作出行政处罚决定。对于单位无证行医违法行为，适用《医疗机构管理条例》第四十四条处罚。但对个人无证行医行为，如何适用《执业医师法》第三十九条或者《医疗机构管理条例》第四十四条问题一直存在争论，特别是 2016 年 12 月 20 日《最高人民法院关于审理非法行医刑事案件具体应用法律若干问题的解释》修正施行后，这个问题越发重要。

《执业医师法》第三十九条：未经批准擅自开办医疗机构行医或者非医师行医的，由县级以上人民政府卫生行政部门予以取缔，没收其违法所得及其药品、器械，并处 10 万元以下的罚款；对医师吊销其执业证书；给患者造成损害的，依法承担赔偿责任；构成犯罪的，依法追究刑事责任。

《医疗机构管理条例》第四十四条：违反本条例第二十四条规定，未取得《医疗机构执业许可证》擅自执业的，由县级以上人民政府卫生行政部门责令其停止执业活动，没收非法所得和药品、器械，并可以根据情节处以 1 万元以下的罚款。

（一）通过对二者违法行为模式进行比较，二者的违法类型均违反了许可管理规定，二者存在区别，见表 12-1：

表 12-1　《执业医师法》第三十九条和《医疗机构管理条例》
第四十四条规定违法行为模式比较

违法行为	违法种类型	行为模式	存在形式
未经批准擅自开办医疗机构行医	违反许可管理规定	开办医疗机构＋行医	应当有特定行医场所，且形式上能够认定为医疗机构
非医师行医		行医（从事医师执业行为）	行医场所不限，黑诊所内、医疗机构内，游医
未取得《医疗机构执业许可证》擅自执业		执业或行医	行医场所不限，有场所但不足以认定为医疗机构，或者有其他主体身份（如药店、生活美容院）

（二）对行为人角色进行分析

1. 设置者与行医者不是同一人

（1）对设置者，适用《医疗机构管理条例》第四十四条。

（2）对行医者，"医师"适用《执业医师法》第三十七条；"非医师"适用《执业医师法》第三十九条。

2. 设置者与行医者是同一人　未经批准擅自开办医疗机构行医，（医师、非医师）均适用《执业医师法》第三十九条。同时存在未取得医疗机构执业许可证擅自执业和非医师行医违法行为的，建议按照从重处罚原则，适用《执业医师法》第三十九条，重点处罚非医师行医。

六、送达

按照《规范》第十九条规定，依法作出卫生行政处罚决定后，县级以上地方卫生计生行政部门应当将处罚决定书送达当事人。当事人下落不明或者以直接、留置、委托、邮寄、转交等送达方式无法送达的，可以采取公告送达。

《行政处罚法》第四十条规定，行政处罚决定书应当在宣告后当场交付当事人；当事人不在场的，行政机关应当在 7 日内依照民事诉讼法的有关规定，将行政处罚决定书送达当事人。不同送达方式对比如表 12-2：

表 12-2　7 种送达方式比较

送达方式	适用情形	受送达人为个人的	受送达人为组织的	送达日期	其他说明
直接送达	首选，普遍适用	本人或同住成年家属，指定代理人	法定代表人、主要负责人，或办公室、收发室、值班室等组织负责收件的人，指定代理人	接收人签收日期	拒收的，可邀请见证人见证签字，或者采用拍照、录像等方式记录送达过程，视为送达
留置送达	直接送达时受送达人不愿接受的	同直接送达		留置送达当日	
委托送达	直接送达有困难	同直接送达		受送达人签收的日期	
邮寄送达	直接送达有困难	寄给受送达人		回执上注明的收件日期	
转交送达	受送达人为军人，被监禁、被采取强制性教育措施的	军人经其所在部队团以上单位政治机关、被监禁的由其所在监所、被采取强制教育措施的由所在强制教育机构转交	—	受送达人签收的日期	

续表

送达方式	适用情形	受送达人为个人的	受送达人为组织的	送达日期	其他说明
电子送达	受送达人同意	当事人确认的地址		特定系统成功发送日期	判决书、裁定书、调解书除外
公告送达	受送达人下落不明或其他方式无法送达的；简易程序除外	同直接送达		公告之日起经过60日视为送达	案卷中记明原因。住所地张贴公告的，应当采取拍照、录像等方式记录张贴过程

需要说明的几个问题：

（一）日期规定

按照《最高人民法院关于适用〈中华人民共和国民事诉讼法〉的解释》第一百二十五条规定，依照民事诉讼法第八十二条第二款规定，民事诉讼中以时起算的期间从次时起算；以日、月、年计算的期间从次日起算。

（二）直接送达地点问题

直接送达地点不局限在当事人住所。按照《行政处罚法》第四十条规定，行政处罚决定书应当在宣告后当场交付当事人；当事人不在场的，行政机关应当在7日内依照民事诉讼法的有关规定，将行政处罚决定书送达当事人。而《最高人民法院关于适用〈中华人民共和国民事诉讼法〉的解释》第一百三十一条规定，人民法院直接送达诉讼文书的，可以在当事人住所地以外向当事人直接送达诉讼文书，可以通知当事人到人民法院领取。

（三）电子送达的依据与使用范围

按照《最高人民法院关于适用〈中华人民共和国民事诉讼法〉的解释》第一百三十五条规定，电子送达可以采用传真、电子邮件、移动通信等即时收悉的特定系统作为送达媒介。《民事诉讼法》第八十七条规定，经受送达人同意可以采用电子送达方式送达诉讼文书，但判决书、裁定书、调解书除外。这三类文书的共同特点是形成有效结论的文书，因此推断《行政处罚决定书》不宜使用电子送达方式。

（四）受送达人拒绝签收如何处理

1. 在受送达人住所直接送达拒绝签收的情形

（1）对于公民个人，依据《中华人民共和国民事诉讼法》第八十六条规定，送达人可以邀请有关基层组织或者所在单位的代表到场，说明情况，在送达回证上记明拒收事由和日期，由送达人、见证人签名或者盖章，把诉讼文书留在受送达人的住所；也可以把诉讼文书留在受送达人的住所，并采用拍照、录像等方式记录送达过程，即视为送达。

（2）对于法人或其他组织，依据《最高人民法院关于适用〈中华人民共和国民事诉讼法〉的解释》第一百三十条第一款规定，适用留置送达。

2. 在受送达人住所外直接送达拒绝签收的情形。依据《最高人民法院关于适用〈中华人民共和国民事诉讼法〉的解释》第一百三十一条规定，当事人到人民法院领取但拒绝签署送达回证的，视为送达。审判人员、书记员应当在送达回证上注明送达情况并签名。在当事人住所地以外其他地点向当事人直接送达拒绝签收署送达回证的，采用拍照、录像等方式记录送达过程即视为送达。审判人员、书记员应当在送达回证上注明送达情况并签名。

（五）送达见证人条件

按照《最高人民法院关于适用〈中华人民共和国民事诉讼法〉的解释》第一百三十条第二款规定，送达见证人可以是受送达人住所地的居民委员会、村民委员会的工作人员以及受送达人所在单位的工作人员。

（六）公告送达的主要方式

按照《规范》第十九条规定，依法作出卫生行政处罚决定后，县级以上地方卫生计生行政部门应当将处罚决定书送达当事人。适用公告送达的，可以按照以下方式送达：

1. 在作出处罚的卫生计生行政部门或监督执法机构公告栏或者网站公告；

2. 在无证行医当事人住所地张贴公告，并采取拍照、录像等方式记录张贴过程；

3. 在公开发行的报纸上刊登公告。

公告送达应当说明公告送达的原因、处罚决定的内容、当事人依法享有的权利等，自发出公告之日起60日即视为送达。

七、关于简易程序

按照《规范》第十条第二款规定适用简易程序当场作出行政处罚决定的，监督人员应当在作出行政处罚决定之日起7日内报所属卫生计生行政部门备案。说明无证行医查处中，符合简易程序条件可以予以当场处罚。

按照《行政处罚法》《卫生行政处罚程序》规定，适用简易程序条件如下：

《行政处罚法》第三十三条规定，违法事实确凿并有法定依据，对公民处以50元以下、对法人或者其他组织处以1000元以下罚款或者警告的行政处罚的,可以当场作出行政处罚决定。第三十四条第三款规定,执法人员当场作出的行政处罚决定,必须报所属行政机关备案。

《卫生行政处罚程序》第四十三条规定,对于违法事实清楚、证据确凿,予以警告或者对公民处以 50 元以下、对法人或者其他组织处以 1000 元以下罚款的行政处罚的,卫生行政机关可当场作出卫生行政处罚决定。

八、申请强制执行

按照《规范》第二十条规定,无证行医当事人逾期拒不履行卫生行政处罚决定的,作出处罚的卫生计生行政部门应当依据《中华人民共和国行政强制法》有关规定,向有管辖权的人民法院申请强制执行。

(一)不履行行政处罚决定的处理措施

按照《行政处罚法》第五十一条规定,当事人逾期不履行行政处罚决定的,作出行政处罚决定的行政机关可以采取下列措施:

1. 到期不缴纳罚款的,每日按罚款数额的 3% 加处罚款。

2. 根据法律规定,将查封、扣押的财物拍卖或者将冻结的存款划拨抵缴罚款。

3. 申请人民法院强制执行。

按照《行政强制法》第五十三条规定,当事人在法定期限内不申请行政复议或者提起行政诉讼,又不履行行政决定的,没有行政强制执行权的行政机关可以自期限届满之日起 3 个月内,依照本章规定申请人民法院强制执行。

(二)申请人民法院强制执行期限

按照《规范》第二十条规定:

1. 行政处罚决定书送达后当事人未申请行政复议或者向人民法院提起诉讼的,在处罚决定书送达之日起 6 个月届满次日起算的 3 个月内。

2. 复议决定书送达后当事人未提起行政诉讼的,在复议决定书送达之日起 15 日届满次日起算的 3 个月内。

3. 第一审行政判决后当事人未提出上诉的,在判决书送达之日起 15 日届满次日起算的 3 个月内。

4. 第一审行政裁定后当事人未提出上诉的,在裁定书送达之日起 10 日届满次日起算的 3 个月内。

5. 第二审行政判决书、第二审行政裁定书送达当事人次日起算的 3 个月内。

(三)申请人民法院强制执行程序——催告

作出处罚的卫生计生行政部门申请人民法院强制执行前,应当催告当事人履行义务。催告书送达之日起 10 日届满当事人仍未履行义务,可以申请强制执行。

强制执行申请书应当由行政机关负责人签名。

九、案件移送

（一）涉嫌犯罪案件移送

1. 移送主体　按照《最高人民法院关于修改〈关于审理非法行医刑事案件具体应用法律若干问题的解释〉的决定》（法释〔2016〕27 号）规定，非法行医犯罪主体为：

（1）未取得或者以非法手段取得医师资格从事医疗活动的。

（2）被依法吊销医师执业证书期间从事医疗活动的。

（3）未取得乡村医生执业证书，从事乡村医疗活动的。

（4）家庭接生员实施家庭接生以外的医疗行为的。

2. 移送标准　按照《规范》第二十一条规定，在无证行医查处中，发现有下列涉嫌非法行医犯罪情形之一的，应当在依法查处的同时制作《涉嫌犯罪案件移送书》，按照规定及时将案件移送属地公安机关，并将《涉嫌犯罪案件移送书》抄送同级人民检察院：

（1）无证行医被卫生计生行政部门行政处罚 2 次以后，再次无证行医的。

（2）造成就诊人轻度残疾、器官组织损伤导致一般功能障碍，或者中度以上残疾、器官组织损伤导致严重功能障碍，或者死亡的。

（3）造成甲类传染病传播、流行或者有传播、流行危险的。

（4）使用假药、劣药或不符合国家规定标准的卫生材料、医疗器械，足以严重危害人体健康的。

（5）其他情节严重的情形。

按照《最高人民法院关于审理非法行医刑事案件具体应用法律若干问题的解释》（法释〔2016〕5 号／法释〔2016〕27 号）第四条第二款规定，非法行医行为并非造成就诊人死亡的直接、主要原因的，可不认定为刑法第三百三十六条第一款规定的"造成就诊人死亡"。但是，根据案件情况，可以认定为刑法第三百三十六条第一款规定的"情节严重"。在无证行医查处中，发现非法行医涉嫌造成就诊人死亡的，应当依法移送。

3. 移送时效　根据《关于在行政执法中及时移送涉嫌犯罪案件的意见》（高检会〔2006〕2 号）规定：

（1）行政执法机关在查办案件过程中，对符合刑事追诉标准、涉嫌犯罪的案件，应当制作《涉嫌犯罪案件移送书》，及时将案件向同级公安机关移送，并抄送同级人民检察院。

（2）对未能及时移送并已作出行政处罚的涉嫌犯罪案件，行政执法机关应当于作出行政处罚 10 日以内向同级公安机关、人民检察院抄送《行政处罚决定书》副本,并书面告知相关权利人。

(3)现场查获的涉案货值或者案件其他情节明显达到刑事追诉标准、涉嫌犯罪的,应当立即移送公安机关查处。

4.移送程序 按照《行政执法机关移送涉嫌犯罪案件的规定》第五条规定,行政执法机关对应当向公安机关移送的涉嫌犯罪案件,应当立即指定 2 名或者 2 名以上行政执法人员组成专案组专门负责,核实情况后提出移送涉嫌犯罪案件的书面报告,报经本机关正职负责人或者主持工作的负责人审批。行政执法机关正职负责人或者主持工作的负责人应当自接到报告之日起 3 日内作出批准移送或者不批准移送的决定。决定批准的,应当在 24 小时内向同级公安机关移送;决定不批准的,应当将不予批准的理由记录在案。

5.移送救济 按照《行政执法机关移送涉嫌犯罪案件的规定》第九条规定,行政执法机关接到公安机关不予立案的通知书后,认为依法应当由公安机关决定立案的,可以自接到不予立案通知书之日起 3 日内,提请作出不予立案决定的公安机关复议,也可以建议人民检察院依法进行立案监督。移送案件的行政执法机关对公安机关不予立案的复议决定仍有异议的,应当自收到复议决定通知书之日起 3 日内建议人民检察院依法进行立案监督。公安机关应当接受人民检察院依法进行的立案监督。

6.信息通报 按照《规范》第二十二条规定,县级以上地方卫生计生行政部门发现非法行医罪犯在缓刑或假释考验期内再次无证行医的,应当在依法进行查处的同时通报其社区矫正地的司法机关。

根据《刑事诉讼法》第二百五十八条规定,对被判处管制、宣告缓刑、假释或者暂予监外执行的罪犯,依法实行社区矫正,由社区矫正机构负责执行。

《社区矫正实施办法》第二十五条进一步规定,缓刑、假释的社区矫正人员违反人民法院禁止令或违反有关法律、行政法规和监督管理规定,情节严重的,由居住地同级司法行政机关向原裁判人民法院提出撤销缓刑、假释建议书,人民法院应当自收到之日起 1 个月内依法作出裁定。

司法机关指司法行政机关。这项规定的实施,最终要以建立与人民法院审判信息共享机制为前提。

(二)行政移送

按照《规范》第二十三条规定:县级以上地方卫生计生行政部门在查处无证行医案件中发现涉嫌违法违规销售药品,或者涉嫌销售假药、劣药的,应当移交同级食品药品监督管理部门依法处理。

无证行医使用药品视为违法违规销售药品,应予移送。

十、行政执法信息报告

按照《规范》第八条规定，县级以上地方卫生计生行政部门查处无证行医案件时，应当使用国家卫生和计划生育监督信息平台查询无证行医人员既往受行政处罚情况，对涉嫌犯罪案件及时进行移送。实施行政处罚后，应当及时将案件有关信息录入国家卫生和计划生育监督信息平台。

累计行政处罚、刑事处罚处理信息，实现信息共享和违法行为共治。

第四节　执法过错责任追究

卫生计生行政部门及其监督执法机构和执法人员应当依法履行职责，在无证行医查处过程中不履行《规范》规定的职责和程序，出现《规范》第二十四条规定情形的，将按照监督执法过错责任追究的有关规定追究责任。

《规范》第二十四条规定了责任追究的主要内容有：

（一）对有确切来源的投诉举报无证行医案件线索压案不查，瞒案不报，造成严重后果的。

（二）发现法律法规明确界定为无证行医行为不及时予以查处，玩忽职守，造成严重后果的。

（三）行政执法过程中，弄虚作假，徇私舞弊，包庇、纵容无证行医，造成严重后果的。

（四）发现无证行医行为未及时依法责令停止执业活动，造成严重后果的。

（五）发现无证行医行为涉嫌犯罪未及时移送公安机关，造成严重后果的。

（六）索取、收受无证行医当事人财物或者谋取其他不正当利益的。